FOXY'R LLEW

Cardiff Libraries
www.cardiff.gov.uk/libraries

Llyfrgelloedd Caerdydd
www.caerdydd.gov.uk/llyfrgelloedd

Foxy'r Llew

JONATHAN DAVIES

GYDAG ALUN GIBBARD

y Lolfa

CYNGOR LLYFRAU CYMRU

ISBN: 978 184771 836 5
Argraffiad cyntaf: 2014

© Jonathan Davies a'r Lolfa, 2014

Mae Jonathan Davies wedi datgan ei hawl dan
Ddeddf Hawlfraint, Dyluniadau a Phatentau 1988
i gael ei gydnabod fel awdur y llyfr hwn.

Cedwir pob hawl. Ni chaniateir atgynhyrchu unrhyw
ran o'r cyhoeddiad hwn, na'i gadw mewn cyfundrefn
adferadwy, na'i drosglwyddo mewn unrhyw ddull na
thrwy unrhyw gyfrwng, electronig, electrostatig, tâp
magnetig, mecanyddol, ffotogopïo, recordio nac fel arall,
heb ganiatâd ysgrifenedig ymlaen llaw gan y cyhoeddwyr,
Y Lolfa, Talybont, Ceredigion, Cymru.

Mae'r prosiect Stori Sydyn/Quick Reads yng Nghymru
yn cael ei gydlynu gan Gyngor Llyfrau Cymru
a'i gefnogi gan Lywodraeth Cymru.

Argaffwyd a chyhoeddwyd gan
Y Lolfa, Talybont, Ceredigion SY24 5HE
gwefan www.ylolfa.com
e-bost ylolfa@ylolfa.com
ffôn 01970 832 304
ffacs 832782

Newid gwlad

PA CHWARAEWR FYDD YN mynd nesa? Dyna'r cwestiwn mae cefnogwyr rygbi Cymru yn ei ofyn ar hyn o bryd. Pa chwaraewr rhyngwladol fydd yn gadael Cymru ac yn symud i Loegr neu i Ffrainc? Mae hwn wedi bod yn destun trafod brwd yng Nghymru dros y blynyddoedd diwetha. Mae nifer fawr o sêr ein tîm cenedlaethol wedi gadael y pedwar rhanbarth Cymreig ac wedi ymuno â chlybiau fel Toulon, Clermont a Northampton. Mae Mike Phillips, Lee Byrne a George North wedi symud i'r tri chlwb yma. Ac mae'n edrych yn debyg y bydd hyn yn parhau i ddigwydd yn y dyfodol agos. Yn ystod y cyfnod yma, dwi wedi gweld y cyfan yn digwydd ac wedi ymateb fel pawb arall. Ond nawr, dwi'n rhan o'r stori fy hunan. Dwi yng nghanol y ddadl ynglŷn â chadw chwaraewyr rygbi yng Nghymru.

Cyn y Nadolig, fe benderfynes i adael Cymru a mynd i chwarae yn Ffrainc. Ar ddiwedd y tymor yma, bydda i'n symud i chwarae i Clermont Auvergne am dair blynedd. Ers i fi gyhoeddi'r newyddion, mae'n rhaid dweud fy mod i wedi bod yn lwcus iawn. Dwi ddim wedi cael sylwadau cas fel y cafodd y bois eraill sydd wedi gadael Cymru. Y cyfan dwi wedi'i dderbyn yw negeseuon yn dymuno'n dda i fi. Does dim negeseuon cas wedi bod ar Twitter hyd yn oed. Mae hynny'n dweud lot!

Pan ddechreuodd rhai chwaraewyr adael Cymru, cafodd lot fawr o ffys ei gwneud mewn papurau newydd ac fe fuodd trafod mawr ar y teledu ynglŷn â hyn. Ro'dd yr un ddadl yn y tafarnau hefyd wrth i straeon y papurau newydd fwydo'r sgyrsiau dros beint. Bydd pobol fel arfer yn dweud mai gadael Cymru er mwyn ennill mwy o arian y bydd y chwaraewyr rygbi proffesiynol. Mae hynny'n sicr yn un ffactor wrth gwrs, ond nid dyna'r unig reswm. Mae hi'n gêm broffesiynol ac mae arian yn bwysig iawn i'w ystyried, fel ym mhob swydd a busnes arall.

Ond wrth i fi bwyso a mesur a ddylwn i adael rhanbarth y Scarlets, ro'dd sawl mater arall ar fy meddwl hefyd, nid dim ond arian. Ro'n i yn yr un sefyllfa ddwy flynedd yn ôl wrth i fy nghytundeb ddod i ben. Ro'dd gadael y Scarlets yn bosibilrwydd bryd hynny, ond fe benderfynes i aros ac arwyddo cytundeb newydd. Dyna o'dd y penderfyniad cywir ar y pryd. Do'n i ddim wedi datblygu digon fel chwaraewr a ddim wedi cael y cyfle i ddangos fy ngwir allu ar y cae rygbi. Ro'dd 'da fi ragor o waith datblygu fy sgiliau cyn meddwl am newid cyfeiriad.

Yn ystod y ddwy flynedd ers i mi benderfynu

aros gyda'r Scarlets, mae lot wedi digwydd. Ro'dd ffactorau eraill 'da fi i'w hystyried y tro 'ma a mwy o waith pwyso a mesur. Erbyn hyn, dwi wedi bod yn aelod o dîm Cymru sydd wedi ennill y Gamp Lawn a Phencampwriaeth y Chwe Gwlad. Mae hynny'n gryn dipyn o lwyddiant mewn cyfnod byr iawn. Ro'n i hefyd yn aelod o dîm y Llewod enillodd y gyfres yn erbyn Awstralia. Ychydig iawn o chwaraewyr sy'n gallu dweud iddyn nhw ennill cyfres o gêmau prawf y Llewod. Ro'dd hyn yn llwyddiant ar y lefel ryngwladol ucha posib. Dwi wedi cael blas ar fod yn llwyddiannus hefyd wrth ennill Pencampwriaeth y Chwe Gwlad gyda thîm Cymru. Rhoddodd y cyfan foddhad mawr i fi. Dyna'r hyn mae chwaraewr proffesiynol yn anelu i'w gael, a dwi wedi cael blas ar fod ar y brig.

Ond mae un bwlch mawr yn fy ngyrfa. Dwi ddim wedi cael llwyddiant wrth chwarae i'r clwb. Bydda i'n ymarfer bob dydd gyda chwaraewyr eraill y clwb wrth gwrs, ac felly byddwn ni'n treulio cryn dipyn o amser gyda'n gilydd. Dwi am gael llwyddiant gyda'r bois y bydda i'n ymarfer gyda nhw bob dydd. Hyd yn hyn, dyw hynny ddim wedi digwydd gyda'r Scarlets. Cofiwch – dyw hynny ddim yn feirniadaeth ar y clwb o gwbwl. Dwi'n deall mai ailadeiladu a datblygu yw'r pwyslais ar Barc y Scarlets ac mae'n rhaid gwneud hynny drwy'r amser. Wedi'r cyfan, nhw roddodd y cyfle cynta i fi, a'r Scarlets sydd wedi llwyddo i fy natblygu fel chwaraewr. Caf gyfle i drafod hynny yn y gyfrol hon.

Ro'dd y dewis 'da fi i fod yn rhan o'r datblygiadau hynny. Fe allwn i fod wedi aros yn Llanelli a chwarae fy rhan fel un o'r chwaraewyr mwya profiadol mewn carfan lle bydd sêr y dyfodol yn ymddangos. Ond, fel athletwr proffesiynol, mae'r awydd a'r uchelgais i ymestyn fy hun ymhellach yn un cryf iawn. Heb ddim amheuaeth, y cam nesa i fi yn fy ngyrfa yw chwilio am lwyddiant gyda'r clwb y bydda i'n chwarae iddo bob wythnos. Caf gyfle eto yn y dyfodol i rannu fy mhrofiad gyda chwaraewyr ifanc, gobeithio.

Ar hyn o bryd, fodd bynnag, mae 'da fi uchelgais benodol. Clermont o'dd yn cynnig y cyfle gorau i fi wireddu'r freuddwyd honno. Dyna pam dwi wedi penderfynu ymuno â nhw. Bydd yn rhaid i fi nawr brofi fy hunan fel chwaraewr mewn gwlad estron o flaen torf enfawr o wythnos i wythnos. Mae chwaraewr rygbi proffesiynol fel fi'n ystyried bod llwyddo gyda'i glwb yn ffactor bwysig. Felly, peidiwch â chredu'r siarad mai'r arian mawr yn unig sydd yn denu chwaraewr fel fi. Mae tipyn mwy na hynny i'w ystyried.

Newid aelwyd

DYW FY STORI I ddim yn dechrau yng Nghymru. Ces fy ngeni yn Lloegr yn 1988 ond mae Mam a Dad yn dod o ardal Caerfyrddin a'r ddau yn Gymry balch. Ro'dd yn rhaid i Dad symud oherwydd ei waith fel arolygwr Treth ar Werth (VAT) yn y dyddiau hynny. Mae'n siŵr ei fod yn gorfod symud o le i le yn eitha aml – nid dyna'r swydd fwya poblogaidd yn y byd! Ar ôl priodi, fe symudodd fy rhieni i ardal Solihull, Birmingham, tua chwarter canrif yn ôl. Dyna lle ces i fy ngeni.

Pan ddechreues i chwarae i dimau rygbi Cymru dan 16 a dan 18, ro'dd y manylion amdana i yn y rhaglenni yn eitha doniol, mewn ffordd. Ochr yn ochr â'r disgrifiad o bob chwaraewr, yn cynnwys ei bwysau a'i daldra, ro'dd yn dweud ble roedd wedi cael ei eni hefyd. Heblaw amdana i. Wrth ochr y geiriau 'Place of Birth' ro'dd 'na wastad fwlch gwag. Does 'da fi ddim syniad pam. Dwi ddim yn gwybod o'dd hynny'n fwriadol neu beidio. Ac os o'dd e, pam? Ond byddai'n digwydd bob tro.

Ro'dd yn fwriad gan fy rhieni i symud 'nôl i Gymru ar ôl i'w plentyn cynta gael ei eni. Ro'n nhw am i'r plentyn hwnnw gael magwraeth Gymreig. A phan ddes i i'r byd, fe wnaethon nhw symud i ardal Caerfyrddin. At Mam-gu a Dad-cu

yng Nghaerfyrddin yr aethon nhw i fyw gynta ar
ôl symud 'nôl. Yna, fe benderfynon nhw newid
cyfeiriad yn llwyr o ran gyrfa. Fe wnaethon nhw
brynu tafarn y Fox and Hounds ym mhentre
Bancyfelin – pentre bach rhwng Sanclêr a
Chaerfyrddin. Ro'dd y pentre yn enwog ar y pryd
am mai yno y cafodd y cawr addfwyn Delme
Thomas ei eni. Fe fuodd Delme ar daith gyda'r
Llewod dair gwaith ac roedd yn chwarae rygbi
dros Gymru yn y saithdegau – y cyfnod aur i rygbi
Cymru. Fe o'dd capten Llanelli pan wnaethon
nhw guro'r Crysau Duon yn y gêm enwog honno
yn Hydref 1972. Do, fe roddodd Delme Bancyfelin
ar fap Cymru. Erbyn hyn, dwi a Mike Phillips,
sydd hefyd o'r un pentre, wedi chwarae i Gymru
ac i'r Llewod. Felly, mae'r pentre bach o ryw 800 o
bobol wedi magu tri 'Llew' bellach. Sdim rhyfedd
fod rhai wedi galw'r pentre yn brifddinas rygbi
Cymru!

Tua chwe mis oed o'n i pan symudes i bentre
Bancyfelin. Y Fox o'dd y cartre teuluol cynta i
fi mewn gwirionedd, ac mae'r cof cynta sydd
'da fi am y dafarn a'r pentre. Oherwydd hynny,
cyn bo hir fe ges i'r enw Jon Fox. Mae'n siŵr
fod 'na genhedlaeth gyfan o blant y pentre heb
ddim syniad beth yw fy nghyfenw iawn i, a
rhai'n meddwl mai Fox yw e. O'r dafarn daeth
yr enw Foxy mae pawb yn ei ddefnyddio wrth

fy nghyfarch. Ers i fi ddechrau chwarae rygbi i'r Scarlets, mae pawb yn meddwl bod cysylltiad rhwng yr enw a'r ffordd dwi'n chwarae. Mae llawer yn meddwl ei fod yn cyfeirio at fy chwarae cyfrwys, neu at y ffaith mod i'n symud fel llwynog o gwmpas y cae. Byddai'n neis iawn petawn i wedi cael yr enw Foxy oherwydd hynny. Yn syml, fe ges i'r enw am fy mod i'n byw mewn tafarn o'r enw Fox and Hounds. Ond 'na fe – fe allai fy rhieni fod wedi prynu tafarn gydag enw lot gwaeth na'r Fox and Hounds. Diolch byth nad y Stag wnaethon nhw ei brynu!

Ar ôl symud 'nôl i Gymru, dechreuodd Dad weithio i gwmni Castell Howell, cwmni sy'n dosbarthu bwyd. Erbyn hyn mae'n gwmni adnabyddus a mawr iawn yn y gorllewin. Ond pan wnaeth Dad ymuno â nhw, busnes cymharol fach o'dd e ac wedi'i leoli yn adeiladau fferm Castell Howell, heb fod yn bell o dref Caerfyrddin. Nawr, mae warws enfawr 'da nhw yn Cross Hands. Maen nhw'n cyflogi cannoedd o bobol ac mae fflyd anferth o lorïau 'da nhw sy'n mynd â'u cynnyrch i bellteroedd byd.

Mae bod yn berchen ar dafarn yn rhan o hanes y teulu, ac ro'dd fy nhad-cu yn berchen y Rose and Crown yng nghanol tre Caerfyrddin. Fy wncwl a fy mam sy'n berchen y lle heddiw. Ro'dd gan fy wncwl dafarn ar y pryd hefyd. Felly, fe wnaeth fy mam a Nhad yr hyn ro'dd y teulu'n ei wneud yn barod. Pan ddaeth Dad yn berchennog ar y Fox, ro'dd yn dal i weithio i gwmni Castell Howell yn y dydd ac yn gweithio yn y dafarn gyda'r nos. Mae fy rhieni'n dal i fod yn berchen y Fox, ond pobol eraill sy'n rhedeg y busnes, ac mae Dad yn dal i weithio i Castell Howell. Yn y Fox y cafodd fy mrawd a fy chwaer eu geni. Efeilliaid yw James a Rachel. Mae James wedi dechrau chwarae i'r Scarlets erbyn hyn hefyd ac mae'n aelod cyson o dîm saith bob ochr Cymru.

Ymhen dim, felly, ro'dd yna dri phlentyn bywiog iawn yn rhedeg o gwmpas llofftydd y Fox. Oddi tanodd byddai'r cwsmeriaid yn y bar a'r tŷ bwyta yn gwneud eu gorau i fwynhau eu peint neu'n cael pryd tawel o fwyd. Byddai Dad yn aml yn gorfod dod i waelod y stâr a gweiddi arnon ni i gadw'n dawel. Mae'n siŵr nad o'dd yn ddelfrydol i dafarnwr gael tri o blant bach o dan dair oed wrth iddo ddechrau'r busnes cadw tafarn. Ond ro'dd yn grêt i ni! Ro'n i'n cael rhannu bwrlwm tafarn ac yn cael cyfle i gwrdd â holl gymeriadau'r pentre. Ro'dd digon o'r rheiny ym Mancyfelin. Mewn pentre fel Bancyfelin byddai popeth a gâi ei drefnu yno'n gorfod cynnwys y Fox. Ro'dd cael fy magu ar aelwyd tafarn o'dd yn ganolbwynt pob digwyddiad yn y pentre yn brofiad anhygoel.

Mae un stori ddigon doniol yn aros yn fy

nghof. Ond dwi ddim yn siŵr a fydd Mam yn hapus iawn i fi ei rhannu. Cawn weld! Ro'dd angen mynd â fy chwaer i rywle – dwi ddim yn cofio i ble, ond ro'dd yn fater o frys a do'dd dim modd trefnu ymlaen llaw. Ro'dd tri o'r *locals* yn y bar a James a fi o gwmpas y lle hefyd. Do'dd Mam ddim am gau'r dafarn a do'dd dim modd mynd â fi a mrawd gyda hi. Un ateb o'dd yna yn y diwedd – fe adawodd Mam y dafarn yng ngofal y tri *local* yn y bar, fi a James! Ro'dd pawb yn hapus wedyn, gan na fyddai'n rhaid iddi hi ofyn i dri o selogion y Fox adael yn gynnar. Mae'n dweud llawer am y math o gymuned o'dd ym Mancyfelin ar y pryd – cymuned glòs a phawb yn nabod ei gilydd. Ro'dd cael fy magu mewn pentre fel Bancyfelin yn rhywbeth sbesial iawn i fi.

Fe es i i'r ysgol gynradd yn y pentre, yr ochr draw i'r hewl i'r Fox. Rhyw hanner cant o blant o'dd yno, mewn tri dosbarth, ond bydden ni wastad yn gwneud yn dda iawn mewn cystadlaethau rygbi lleol. Pan o'n i tua wyth neu naw oed fe gyrhaeddon ni ffeinal Cymru mewn cystadleuaeth i ysgolion cynradd. Ro'dd y gêm ar Barc y Strade, a dyna'r tro cynta i fi chwarae ar y cae enwog hwnnw. Nid canolwr o'n i y dyddiau hynny chwaith. Anaml iawn y bydd bois ysgolion cynradd yn cael eu dewis yn ôl eu safle gorau ar y cae. Gwneud yn siŵr fod digon o aelodau i greu tîm cyfan o'dd y peth pwysig i'r athro, yn enwedig mewn ysgol o hanner cant o blant. Byddwn i'n chwarae yn yr ail reng neu hyd yn oed fel prop weithiau. Cofiwch, ro'n i'n cario lot mwy o bwysau bryd hynny. Dyna un peth amlwg ddigwyddodd i fi pan ymunes i â'r Scarlets – colli lot o bwysau er mwyn gallu codi safon fy chwarae. Ro'dd y rygbi wedi cydio ynof fi yn nyddiau'r ysgol gynradd felly, er do'n i ddim yn disgleirio ar y cae rygbi bryd hynny. Ro'n i'n ddigon bodlon bod yn un o'r pymtheg a mwynhau gêm o'dd yn rhan mor naturiol o fywyd unrhyw fachgen yn y pentre.

Y cam nesa i fi o'dd mynd i'r ysgol fawr wrth gwrs. Do'n i ddim yn ddigon hyderus i fynd i ysgol ddwyieithog lawn. Felly, er y gallwn i fod wedi dewis mynd i Ysgol Bro Myrddin yn nhre Caerfyrddin, sy'n ysgol dda iawn, do'n i ddim yn gwbl gyfforddus i fynd yno. Y dewis arall i fi, felly, o'dd Ysgol Dyffryn Taf yn Hendy-gwyn ar Daf. Mae nifer fawr o'r pynciau'n cael eu dysgu yn Gymraeg yno, er nad o'dd popeth yn Gymraeg. Dyna lle'r es i yn un ar ddeg oed, ac i'r ffrwd Gymraeg.

Erbyn hynny ro'dd y teulu wedi symud i fyw i Dalacharn. Ro'dd Dad wedi cael digon ar fyw mewn tafarn. Hyd yn oed pan na fyddai'n gweithio gyda'r nos, byddai'n aml yn cael ei alw i ddelio â rhyw broblem neu'i gilydd. Yna, byddai'n gorfod mynd i lawr i'r bar, a dyna lle byddai am oriau ar noson pan ddylai fod yn rhydd. Daeth hynny i'w flino ar ôl peth amser, yn enwedig o gofio'i fod yn gweithio am ddiwrnod cyfan yn ei waith gyda chwmni Castell Howell yn ystod y dydd. Felly, fe symudodd y teulu i Dalacharn. Mae Bancyfelin a Thalacharn yn ddau le cwbl wahanol. Byddai rhai'n dweud bod Talacharn yn lle cwbl wahanol i bobman arall. Ond ro'dd yna un peth yn gyffredin rhwng y ddau le – maen nhw'n bentrefi bach lle mae pawb yn nabod ei gilydd a'r syniad o gymuned yn gryf ynddyn nhw.

Ro'n i'n teimlo'n ddigon nerfus pan ddaeth yn amser dal y bws i'r ysgol fawr. Ro'dd yn deimlad od iawn camu o ysgol fach a phentre clòs Bancyfelin ac yna Talacharn i ysgol lle ro'dd cannoedd ar gannoedd o blant. Er bod newid ysgol yn un mawr iawn i fachgen bach, doedd yn ddim o'i gymharu â'r cam o fynd ar y bws 'nôl a mlaen i'r ysgol bob dydd. Yn sicr, bws Talacharn o'dd y gwaetha yn yr ysgol – yn llawn o fois direidus a drwg. Ro'dd bod yn eu canol yn addysg yn ei hunan ac yn dipyn o sioc i grwt diniwed o bentre tawel Bancyfelin.

Ond yn yr ysgol fe wnaeth y rygbi gydio hyd yn oed yn fwy ynof i. Fe wnes i gymryd rhan yn nhreialon Blwyddyn Saith a chael fy newis i'r tîm cynta. Cam arall i fi'r flwyddyn honno o'dd gadael y pac a chael fy newis i chwarae yn safle'r maswr. O leia ro'n i'n symud yn agosach at safle'r canolwr.

Ro'dd 'na gysylltiad amlwg rhwng ein teulu ni a Hendy-gwyn ar Daf. Ers pan o'n i'n fachgen bach, byddai Dad yn mynd â fi i weld tîm rygbi'r pentre yn chwarae ar bnawn Sadwrn. Dyna'r gêmau rygbi cynta i fi eu gweld yn fyw yn rheolaidd. Er fy mod i wedi chwarae i dimau Sanclêr dan ddeg a dan un ar ddeg oed, penderfynodd y clwb roi'r gorau i gynnal timau ysgolion. Felly, pan es i i Ysgol Hendy-gwyn, dechreues i chwarae i dîm yr ysgol a thîm ysgolion yr ardal hefyd. Ond wrth chwarae i dîm ardal Hendy-gwyn, ro'dd yn rhaid i fi chwarae gyda bechgyn oedd flwyddyn hŷn na fi. Wnes i ddim mwynhau hynny ryw lawer, a dweud y gwir, ond fe newidiodd pethau drwy ddamwain un penwythnos.

Ro'n i wedi mynd i dŷ ffrind ysgol ar gyfer parti pen-blwydd ac yn aros yno ar y nos Sadwrn. Ar y bore Sul, gofynnodd fy ffrind a fyddai ddiddordeb 'da fi i fynd gyda fe i Glwb Rygbi Arberth. Holodd hefyd a fyddai ddiddordeb 'da fi mewn chwarae i'r tîm ro'dd e'n aelod ohono. Fy ymateb cynta o'dd, 'Na, dim gobaith!' Do'dd bois Hendy-gwyn ddim yn fodlon chwarae i Arberth, na bois Arberth iddyn nhw chwaith. Do'dd neb yn fodlon newid tîm a chwarae dros y gelyn. Ond fe chwaraees iddyn nhw y bore hwnnw, ac ar ôl un gêm dywedodd eu hyfforddwr wrtha i nad maswr o'n i mewn gwirionedd. Awgrymodd y dylwn i symud i chwarae rhif 12. A dyna wnes i, ac fe ddaeth yn newid pwysig iawn yn fy mywyd. Ar ôl newid safle, ro'dd mantais 'da fi o fod wedi cael y profiad o chwarae fel maswr hefyd. Fe ddes yn gyfarwydd â chicio'r bêl o'r dwylo. Mae hynny wedi rhoi arf ychwanegol i fi sydd wedi profi'n ddefnyddiol iawn yn fy ngêmau rhyngwladol.

Ond cofiwch, pan ddaeth yn fater o gefnogi tîm, doedd y dewis ddim yn anodd o gwbl. Hendy-gwyn fyddai'n cael fy nghefnogaeth i bob amser, a hynny hyd yn oed pan o'n i'n chwarae i dîm ieuenctid Arberth. Mewn gwirionedd, ro'dd 'da fi ddewis o bedwar pentre y gallwn i fod wedi chwarae iddyn nhw – Sanclêr, Hendy-gwyn ar Daf, Arberth a Thalacharn. Er i fi orfod dewis chwarae i rai a gwrthod y lleill, ro'dd hi'n dal yn sefyllfa dda iawn i fi fod ynddi. Oherwydd bodolaeth y pedwar clwb yma, ro'dd cymuned rygbi gref iawn mewn ardal gymharol fach. Falle nad o'n i'n deall y sefyllfa pan o'n i'n fachgen ysgol, ond ro'n i'n sicr yn teimlo'r agosatrwydd ar y pryd. Ro'dd y pentrefi'n rhai clòs iawn ac ro'dd y clybiau rygbi yn gymunedau clòs o fewn y pentrefi.

Fe chwaraees i i'r rhanbarth a'r sir. Ond do'n i ddim yn meddwl fy mod i'n chwaraewr gwell na'r cyffredin yr adeg honno. Gêm i'w chwarae a'i mwynhau o'dd rygbi, doedd dim dwywaith am hynny. Ond doedd dim uchelgais mawr iawn 'da fi, na gobeithion i ddatblygu fy sgiliau yn y gêm.

Dechreuodd fy agwedd newid ar ôl cwrdd â dyn o'dd yn byw yn Nhalacharn a finnau'n rhyw bymtheg mlwydd oed ar y pryd. Ro'dd Jeff Stevenson yn arfer chwarae fel maswr i dîm Glynebwy ond ro'dd wedi symud i Dalacharn i fyw. Ro'dd ei fab yn chwarae yn yr un tîm â fy mrawd, felly pan fyddwn i'n mynd i weld fy mrawd yn chwarae byddai Jeff yno hefyd. Dechreuodd siarad â fi un diwrnod a phwysleisio pa mor bwysig o'dd cyflymder. 'Ma'n rhaid i ti geisio rhedeg yn gyflymach' fyddai ei gyngor i fi bob tro. Chwarae teg iddo, fe wnaeth gynnig fy helpu. Dechreuodd y ddau ohonon ni fynd i'r cae rygbi yn Nhalacharn, lle byddai'n rhoi ymarferion gwahanol i fi er mwyn datblygu fy nghyflymder.

Dyna ddechrau newid cyfeiriad, newid fy agwedd at rygbi ac ymhen amser dechreuodd siâp fy nghorff newid. Ro'n i'n eitha *chubby* y dyddiau hynny, ond dechreuodd y cyhyrau ddatblygu wrth i mi weithio ar fy nghyflymder. Ro'n i'n lwcus iawn fod campfa arbennig o dda yn yr ysgol hefyd. Ro'dd modd i fi wneud ymarferion codi pwysau yno'n ddigon hawdd ac ro'dd yr athro, Graham Evans, yn fy annog i wneud hynny. Un gwahaniaeth ddaeth yn amlwg yn y sesiynau hynny o'dd fod fy nghoesau'n cryfhau. Ro'dd peiriant *leg press* yn yr ysgol, a byddwn i'n ei ddefnyddio bob dydd. Yn sicr, dwi wedi profi mantais hynny ers i mi ddod yn chwaraewr proffesiynol. Ro'n i'n lwcus iawn i gael pobol o'm cwmpas o'dd yn awyddus iawn i fy helpu.

Daeth cyfle i fi chwarae i un tîm arall hefyd. Do'dd Ysgol Dyffryn Taf ddim yn rhan o gynllun ysgolion Dreigiau Undeb Rygbi Cymru. Ond ro'dd Ysgol Bro Myrddin yn rhan o'r gynghrair ysgolion honno. Felly, fe ges i ganiatâd i chwarae i dîm rygbi Ysgol Bro Myrddin. Ro'n i'n llawn cyffro yn mynd yno i geisio dod yn rhan o dîm oedd yn un da iawn ym myd rygbi ysgolion Cymru. Yn yr un tîm â fi byddai Rhys Priestland a Ken Owens, y ddau erbyn hyn yn chwaraewyr rhyngwladol wrth gwrs. Ro'dd nifer o fechgyn Bancyfelin yn y tîm hefyd, ac felly ro'dd yn brofiad digon pleserus. Fe wnes i fwynhau fy sesiwn ymarfer cynta gyda Bro Myrddin yn fawr iawn.

Y bore ar ôl y sesiwn, galwodd prifathro Ysgol Dyffryn Taf fi i mewn i'w swyddfa. 'Mae 'da fi newyddion da iawn i ti, Jon,' meddai. 'Mae Dyffryn Taf newydd arwyddo i ddod yn rhan o gynllun Dreigiau Undeb Rygbi Cymru.' Am siom. Do'dd y prifathro ddim yn deall pam nad o'n i wedi dangos mwy o gyffro a llawenydd wrth glywed y newyddion. Y gwir amdani o'dd fod chwarae i Ysgol Dyffryn Taf yn enw'r Dreigiau yn golygu chwarae yn erbyn timau Sir Benfro. Ro'dd y gynghrair yn newydd yn y sir honno, a doedd y safon ddim cystal â phetawn i wedi llwyddo i gael chwarae i Ysgol Bro Myrddin yn Sir Gaerfyrddin. Ar ben hynny, ro'n i'n hoffi'r criw o fechgyn o'dd yn Ysgol Bro Myrddin. Ond o leia ro'n i'n cael cyfle i chwarae ar lefel cynghrair Undeb Rygbi Cymru. Rhaid o'dd rhoi'r siom tu ôl i fi a chydio yn y cyfle newydd.

Fe ges i gêm brawf i dîm dan 16 Cymru hefyd. Yn sydyn iawn, ro'n i'n cael fy ystyried yn ddewis cynta yn safle'r canolwr. Er i fi chwarae i'r rhanbarth a'r sir am rai blynyddoedd cyn hynny, fyddwn i byth yn ddewis cynta naturiol i ba dîm bynnag ro'n i ynddo. Ond ro'dd pethau'n newid nawr wrth i nghorff i newid. Newidiodd fy agwedd hefyd ac yn sgil hynny daeth cyfleon newydd.

Newid clwb

ROEDD Y PWYSAU I drio cael yr ysgol yn rhan o Gynghrair y Dreigiau wedi dod o un man penodol – Academi'r Scarlets. Ro'n nhw wedi dechrau dangos diddordeb ynof i ar yr union gyfnod pan ddechreuodd pethau newid i fi ar y cae rygbi. O ganlyniad, ro'n nhw'n awyddus i fi gystadlu ar y lefel ucha posib ar gyfer fy oedran. Daeth y cyfle i ymuno â'r Academi wedi i fi chwarae i dîm dan 16 Cymru. Fe ges i fy nghap cynta mas yn yr Eidal a rhannu stafell gydag un o ganolwyr y Scarlets nawr, Gareth Maule.

Un bore, fe edrychodd e mas drwy'r ffenest a dweud ei bod hi'n bwrw eira. Doedden ni ddim yn disgwyl hynny yn yr Eidal, yn arbennig gan fod y diwrnod cynt yn un heulog a braf. Fe waethygodd pethau i ni pan gyhoeddwyd y byddai'r gêm yn dal i gael ei chwarae, er gwaetha chwe modfedd o eira. Dyna'r profiad gwaetha i fi ei gael yn fy mywyd, siŵr o fod. Ro'n i wedi rhewi'n gorn ar y cae wrth orfod sefyll a sythu am wyth deg munud, heb weld fawr ddim o'r bêl. Fe enillon ni yn erbyn yr Eidal, o ryw saith pwynt i bump dwi'n credu. Dwi ddim hyd yn oed yn cofio'r sgôr yn iawn. Ond ro'dd Kevin George, rheolwr Academi'r Scarlets, wedi gweld y gêm ac wedi bod yn edrych arna i'n chwarae mewn cwpwl o gêmau eraill hefyd. Felly, daeth y gwahoddiad i fod yn rhan o'r Academi, a finnau'n 16 oed.

Mae Academi'r Scarlets yn un arbennig o dda, gyda 49 o glybiau lleol yn ei bwydo. Mae 78 y cant o'r chwaraewyr sy'n chwarae i'r Academi yn troi'n chwaraewyr proffesiynol. Mae'r rhan fwya yn chwarae i'r Scarlets, wrth gwrs, ac ychydig yn gadael i chwarae'n broffesiynol mewn clybiau eraill. Byddai lot o fois yr Academi yn dewis dilyn cyrsiau yng Ngholeg Sir Gâr. Felly, bydden nhw'n rhydd i fynd i Barc y Strade yn ystod y dydd pan na fyddai gwersi 'da nhw. Ond do'n i ddim am adael yr ysgol er mwyn gwneud hynny – ro'dd yn well 'da fi aros yn Nyffryn Taf. O ganlyniad, byddai hyfforddwyr yr Academi yn dod draw i'r ysgol i gynnal sesiynau gyda fi. Ro'dd y sesiynau hyn yn werthfawr iawn gan fy mod i'n cael sylw unigol ar y dechrau. Kevin George fyddai'n dod draw i Hendy-gwyn i weithio ar fy sgiliau rygbi. Ymunodd Ken Owens, bachwr Cymru a'r Scarlets, â'r Academi yr un pryd â fi. Yn aml iawn byddai'r ddau ohonon ni'n cael ein hyfforddi gyda'n gilydd yng Nghaerfyrddin. Cyn bo hir, ymunodd Rhys Priestland â ni hefyd. Sesiynau ffitrwydd neu redeg fyddai'r sesiynau hyn fel arfer. Daeth y tri ohonon ni at ein gilydd yn y diwedd, ac fe ges y cyfle i chwarae gyda nhw ar ôl colli'r cyfle i chwarae i Ysgol Bro Myrddin.

Y cam nesa yn natblygiad rhywun sydd yn yr Academi yw cael bod yn rhan o garfan y tîm cynta ar gyfer hyfforddi cyn dechrau tymor newydd. Fe ddigwyddodd hynny i fi pan o'n i'n ddeunaw oed. Ar fy mhen-blwydd yn ddeunaw ro'n i yn Dubai yn chwarae i Gymru yng Nghwpan y Byd dan 19. Ro'n i'n chwarae yn erbyn Seland Newydd ac fe ges i anaf. Fe rwyges i'r ACL *ligament*. Ond fe ges i wybod nad o'dd angen llawdriniaeth ac y byddai'r anaf yn gwella yn naturiol gyda thriniaeth.

Yn 2006 ro'dd hynny. Ro'dd yn ddechrau tymor pwysig iawn i'r Scarlets gan mai dyna pryd y daeth Stephen Jones yn ôl i Lanelli wedi cyfnod o chwarae i Clermont. Teimlad rhyfedd iawn o'dd cyrraedd y clwb ar gyfer hyfforddiant cyn dechrau'r tymor a gweld Stephen Jones yno. Fel crwt ifanc, fe ges i lun ohona i'n sefyll wrth ochr Stephen. Ro'dd hynny ar un o'r achlysuron pan aeth Dad â fi i lawr i weld y Scarlets yn chwarae ar y Strade. Ers pan o'n i'n grwt ifanc ro'n i'n ffan go iawn, felly ro'dd yn anodd credu'r hyn o'dd yn digwydd. Gyda llaw, nid dyna'r tro cynta i fi fod ar y cae gyda Stephen Jones chwaith. Ro'dd Mr Scone, fy athro ymarfer corff yn yr ysgol, wedi trefnu i fi a Dan Newton – a ymunodd â'r Scarlets hefyd yn nes ymlaen – fynd i lawr i'r Strade i gael sesiwn cicio at y pyst gyda Stephen. Tipyn o brofiad i grwt ysgol. Bellach, ro'n i'n ymarfer ar yr un cae ag e. Ymhen peth amser ar ôl i fi ymuno â'r Scarlets fe wnes i fagu digon o hyder i ofyn i Stephen o'dd e'n cofio'r diwrnod pan roddodd hyfforddiant i fi. Dywedodd ei fod e'n cofio'n iawn, ond na fyddai'n meddwl am y peth yn aml, gan fod hynny'n gwneud iddo deimlo'n hen!

Ro'dd y teimlad o fod ar y cae gyda'r fath sêr yn ormod ar brydiau, mae'n rhaid cyfaddef. Ymysg y chwaraewyr ro'dd Regan King – dewin o ganolwr ar y cae rygbi o'dd wedi cael cap i'r Crysau Duon. Roedd Dwayne Peel yno hefyd, mewnwr dawnus dros ben ac un arall ro'n i wedi sefyll wrth ei ochr i gael llun. A bellach yn eu canol, y crwt diniwed o bentre Bancyfelin. Roedd fy meddyliau i'n llawn edmygedd ac ansicrwydd am yn ail.

Ro'dd un peth wedi fy helpu i setlo'n eitha cyflym – y sesiynau ffitrwydd yn Ysgol Dyffryn Taf. Gan fy mod i wedi troi'r braster yn gyhyrau yn y sesiynau hynny, fe gyrhaeddes i Barc y Strade yn eitha mawr a ffit am fy oedran. Ro'dd hynny'n bwysig mewn carfan rygbi. Dyna dymor cynta Phil Davies fel hyfforddwr hefyd, felly ro'dd yn ddechrau cyfnod newydd i'r clwb yn ogystal â fi.

Do'n i'n sicr ddim yn disgwyl y cam nesa wrth ymarfer ar ddechrau'r tymor. Fe aeth y garfan i gyd i lawr i Gaerwysg (Exeter) ar gyfer sesiynau hyfforddi a chryfhau'r tîm. Ond nid i glwb rygbi yr aethon ni. Yn hytrach fe aethon ni i ganolfan Nigel Mansell, y pencampwr Fformiwla Un. Gallwch ddychmygu fy ymateb wrth gyrraedd y lle. Ro'dd gan Mansell westy ac adnoddau digon tebyg i'r hyn sydd yng ngwesty'r Vale ym Mro Morgannwg. Dyna'r gwesty y bydd tîm Cymru'n ei ddefnyddio cyn pob gêm wrth gwrs. Ro'dd ganddo amgueddfa yno hefyd, yn llawn creiriau o'i yrfa ddisglair, gan gynnwys ambell gar. Dyna beth o'dd newid byd i fi.

Ro'n i wedi cyrraedd dosbarth cynta'r byd rygbi. Ond fyddwn i ddim wedi llwyddo i wneud hynny heblaw am y system sy'n bodoli i ddatblygu chwaraewyr ifanc. O dîm dan 16 Cymru, mae Gareth Maule a Lou Reed yn dal i chwarae rygbi proffesiynol. O'r tîm dan 18, mae Jamie Roberts yn seren fyd-eang erbyn hyn, a Rhys Priestland yn chwaraewr rhyngwladol profiadol. Mae Ken Owens yn prysur wneud ei enw ar y lefel ryngwladol hefyd. Yn aelodau o'r tîm dan 19, y tîm enillodd y Gamp Lawn, ro'dd Bradley Davies a Lou Reed yn yr ail reng a Ken yn fachwr. Ro'dd Hugh Gustafson yn brop pen rhydd ac mae e'n dal i chwarae. Ro'dd Lewis Evans, Rhys Priestland a Josh Turnbull yno hefyd, a dau chwaraewr sy'n chwarae i Gaerloyw a'r Gwyddelod yn Llundain heddi. Dyna'r rhai dwi'n eu cofio. Mae'n bosib fod eraill, ond mae'n profi bod y system sy'n bodoli wedi cynhyrchu chwaraewyr sy'n dal i gyfrannu i'r gêm ar sawl lefel. Mae'n ddeg mlynedd ers i fi chwarae i dîm dan 16 Cymru bellach, ond rygbi yw fy myd ers hynny a dyna fydd e am nifer o flynyddoedd eto, gobeithio.

Cyn cyrraedd y lefel ryngwladol wrth gwrs, rhaid cofio bod gan yr ysgolion gyfraniad aruthrol i ddatblygu chwaraewyr. Ro'n i'n lwcus yn hynny o beth hefyd gan i Ysgol Dyffryn Taf fod mor gefnogol i fi.

Felly, ro'n i wedi cyrraedd lefel Academi un o'r rhanbarthau proffesiynol. Ond eto, er y paratoi cyn dechrau'r tymor, ches i ddim tymor cynta llawn gyda'r Scarlets. A dweud y gwir, wnes i ddim chwarae rygbi o gwbl y tymor hwnnw gan fod angen llawdriniaeth go ddifrifol arna i. Ro'n i wedi cael y cyngor anghywir mas yn Dubai gyda thîm dan 19 Cymru. Ro'dd angen llawdriniaeth arna i bryd hynny ac fe ddylwn i fod wedi'i chael yn syth. Wrth i mi ddal i chwarae, roedd yr anaf i'r ACL wedi mynd yn llawer gwaeth. Ro'dd fy mhen-glin wedi rhoi oddi tana i gwpwl o weithiau wrth i fi baratoi cyn dechrau'r tymor. Ond do'n i ddim yn meddwl ei fod yn unrhyw beth difrifol. Ar ôl i mi weld yr arbenigwr, fe ddywedodd wrtha i fod angen ail-greu'r pen-glin yn llwyr a fyddwn i ddim yn chwarae rygbi am gyfnod hir. Ro'dd honno'n ergyd drom iawn i chwaraewr ifanc o'dd ar fin dechrau ei yrfa. Ro'n i'n lwcus iawn yn un peth, fodd bynnag. Roedd asgellwr rhyngwladol y Scarlets, Mark Jones, wedi cael yr un driniaeth. Ro'dd e, felly, yn gallu dweud wrtha i'n union beth i'w ddisgwyl. Ro'dd hefyd yn gallu fy helpu i wella a chryfhau ar ôl cael y driniaeth.

Beth allwn i ei wneud am y flwyddyn honno felly? Ro'n i wedi gadael ysgol. Yr ateb o'dd dechrau ar gwrs yng Ngholeg y Drindod, Caerfyrddin. Fe ddechreues i astudio cwrs Iechyd ac Ymarfer, ac aeth yr wythnosau cynta yn dda iawn. Ar y dechrau, ro'n i'n gorfod defnyddio ffyn i gerdded. Ond ar ôl i fi roi'r gorau i ddefnyddio'r ffyn, do'n i ddim yn y coleg mor aml ag y dylwn i fod. Petawn i wedi gwneud gwell dewisiadau yn yr ysgol, efallai y byddwn mewn sefyllfa i wneud cwrs gradd a fyddai wedi bod yn fwy defnyddiol. Ond pan o'n i yn yr oedran i wneud y dewisiadau iawn, rygbi oedd y dewis cynta.

Ar ôl treulio blwyddyn yn gwella o'r anaf a chyn dechrau chwarae go iawn, ro'dd lot o gwestiynau'n codi yn fy meddwl. Fyddwn i'n cael aros yn yr Academi? Fyddwn i'n cael camu o'r Academi i garfan y Scarlets yn syth ar ôl i mi wella, neu fyddwn i'n gorfod aros am flwyddyn neu ddwy arall? Fyddai'r hyfforddwr newydd, Phil Davies, yn hoffi'r ffordd ro'n i'n chwarae? Diolch byth, aeth popeth yn ddigon hwylus. Fe ges i gynnig cytundeb tair blynedd i ymuno â'r Scarlets a daeth y freuddwyd yn fyw. Ro'n i'n mynd i ennill arian drwy chwarae rygbi a mwynhau'r ffordd o fyw a fyddai ynghlwm wrth hynny. Mae'n jôc i alw'r hyn mae pobol fel fi yn ei wneud yn waith. Rydyn ni'n cael ein talu am wneud yr hyn rydyn ni'n ei fwynhau.

Ond, cyn dechrau, ro'dd angen i mi adennill fy ffitrwydd gan fy mod wedi rhoi lot o bwysau ymlaen yn ystod y flwyddyn. Ro'n i tua 111 kilo ar ddechrau'r tymor. Hefyd, ro'dd rhan ucha fy nghorff mewn lot gwell siâp na fy nghoesau. Un ateb o'dd gan Phil Davies – Wayne Proctor. Ro'dd e'n asgellwr rhyngwladol ac yn hyfforddwr ffitrwydd y Scarlets. Ro'dd cael fy rhoi dan ei ofal e'n syniad brawychus tu hwnt! Ro'dd yn llym iawn wrth drin y bois fel carfan ond byddai'n rhaid i fi ei gael e ar fy mhen fy hunan. Fyddai dim lle i guddio o gwbl ac fe ges i bythefnos dwys 'da fe. Ond fe weithiodd.

Fe ges i ambell gêm gyfeillgar cyn dechrau'r tymor. Pan ymunodd y chwaraewyr rhyngwladol â charfan Cymru, daeth fy nghyfle i gael fy ngêm gynghrair gynta. Ro'n i ar y fainc ac fe ddes i mlaen am ryw ddeg munud ar ddiwedd y gêm. Ro'dd hwnna'n brofiad pleserus dros ben, ac fe chwaraees i ryw naw neu ddeg o gêmau'r tymor hwnnw. Sgories fy nghais cynta dros y Scarlets yn y gêm yn erbyn Connacht ar ddechrau tymor 2008/09. Ro'dd y cais yn edrych yn un digon dramatig, mae'n siŵr. Ond, a dweud y gwir, ro'dd yn gais eitha hawdd wrth i un o'u chwaraewyr nhw golli'r bêl yn ein 22 ni. Fe gydies ynddi a rhedeg tua 70 metr i dirio'r bêl am gais. Dyna'r cais cynta, ac ro'dd mwy i ddod – diolch byth. Fe ddechreues fy ngêm gynta dros y Scarlets yn erbyn y Saraseniaid yng Nghwpan yr LV (Liverpool Victoria) ar ddechrau tymor 2008/09 a sgorio cais yn y gêm honno hefyd. Dwi'n hynod o falch hefyd i fi sgorio cais yng ngêm ola Llanelli ar Barc y Stradc, 24 Hydref 2008. Ro'dd yn ddiwrnod hanesyddol iawn, yn dod â chanrif o chwarae ar y cae byd-enwog hwnnw i ben. Fel mae'n digwydd, fi sgoriodd y cais cynta ar y cae newydd, Parc y Scarlets, a hynny ar 15 Tachwedd 2008. Mae hwnnw'n deimlad braf, er bod Rhys Priestland yn hoff iawn o dynnu fy nghoes ynglŷn â hynny. Bydd yn fy herio drwy ddweud mai fe sgoriodd y pwyntiau cynta erioed ar Barc y Strade!

Dyna'r flwyddyn ola y gallwn i chwarae i dîm dan 20 Cymru. Fe gawson ni dymor da iawn ac ro'n ni'n dîm da iawn hefyd. Yn y tîm ro'dd Scott Andrews, Josh Turnbull, Sam Warburton, Rhys Webb, Gareth Owen a Leigh Halfpenny.

Grŵp da o chwaraewyr o fewn yr un oedran, felly.

Dim ond am gyfnod byr y ces i nabod Ray Gravell. Mae'n siŵr nad yw'n syndod i neb iddo greu cryn dipyn o argraff arna i yn y cyfnod byr hwnnw. Do'dd e ddim wedi fy ngweld i'n chwarae llawer o gêmau, ond fe ddaeth ata i un diwrnod yn llawn anogaeth ac ysbrydoliaeth. Dywedodd ei fod yn credu y byddwn i'n llwyddo yn y gêm ac yn cyrraedd y safon ucha. Pan fydda i'n gweld Mari, ei weddw, bydd hi'n fy atgoffa bod Ray wedi gweld yr addewid hwnnw yn gynnar iawn ynof i fel chwaraewr. Mae cael hwb gan gawr fel 'na, a chyn-ganolwr hefyd wrth gwrs, mor bwysig.

Fe ddaeth cyfnod Phil Davies fel hyfforddwr i ben a daeth Nigel Davies i gymryd ei le. Ro'dd yn grêt cael cyn-ganolwr rhyngwladol a chyn-Scarlet wrth y llyw. Daeth hyfforddwr ffitrwydd newydd atom hefyd. Dyn o Awstralia yw Brad Harrington, ac mae'n dal yn y clwb. Y tro cynta i fi ei gyfarfod edrychodd arna i a dweud fy mod i'n cario gormod o bwysau. Ddylet ti ddim bod yn fwy na 102 kilo, meddai. Dyna'r pwysau gorau i ti. Dim gobaith, meddylies, ond fe aeth ati i weithio gyda fi er mwyn cyrraedd y pwysau hynny – ac fe lwyddodd. Wedyn, ro'n i'n chwaraewr llawer cyflymach, a hynny heb golli llawer o'm cryfder. Dyma'r cyfnod y newidiodd fy ffordd o chwarae.

Mae'n rhaid nodi un peth arall am chwarae i Lanelli. Mae'r cefnogwyr yn anhygoel a'u brwdfrydedd yn cydio ynon ni fel chwaraewyr. Ro'n i wedi profi'r brwdfrydedd hwnnw o'r teras hefyd wrth gwrs, fel ffan. Dwi'n cofio mynd gyda fy rhieni a mrawd i weld y gêm yn erbyn Northampton yn y cwpan, 2004. Ar y draffordd ar y ffordd yno, fe wnaethon ni basio bws y tîm. Chwifiodd y ddau ohonon ni ein baneri drwy ffenest y car a gweiddi nerth esgyrn ein pennau ar y chwaraewyr ar y bws. Wedyn, fe ofynnon ni i Dad aros ar y llain galed ychydig yn nes ymlaen ar y draffordd er mwyn i ni gael gweld y bws yn mynd heibio unwaith eto. Fe wnaeth James a fi ddal ein baneri yn uchel ar ochr yr M4, a'u chwifio gyda chymaint o nerth ag y gallai dau grwt ysgol ei wneud wrth i'r bws fynd heibio. Ro'dd y ddau ohonon ni wedi hurto'n llwyr. Fel chwaraewr nawr, dwi'n gwybod sut mae'r cefnogwyr yn teimlo pan fyddwn ni'n ennill – a hefyd pan fyddwn ni'n colli, wrth gwrs. Ond does dim gwefr well na chwarae o flaen cefnogwyr sydd ar dân. Mae gan y Scarlets draddodiad o gael cefnogwyr o'r fath.

Newid crys

CYN I DYMOR 2007/08 orffen, ro'dd Phil Davies wedi gadael clwb Llanelli. Do'dd 'da fi ddim cwyn o gwbl yn erbyn Phil – fe roddodd y cyfle cynta i fi ac fe fuodd o help mawr. Ond ro'n i'n hapus iawn hefyd mai Nigel gafodd ei swydd. Nid yn unig am ei fod yn ganolwr fel fi, ond am fy mod yn gwybod ei fod yn hoff o'r ffordd ro'n i'n chwarae. Ro'dd Nigel wedi fy ngweld i'n chwarae i un o dimau'r Scarlets mewn ffeinal rhanbarthol pan o'n i'n ddeunaw oed. Fe sgories i bedwar cais yn y gêm honno. Ro'dd e'n gwybod yn iawn, felly, beth ro'n i'n gallu ei wneud ar y cae rygbi. Hefyd, ro'dd Nigel wedi gweithio gydag Undeb Rygbi Cymru ar eu cynllun yn datblygu chwaraewyr. Ro'n innau'n aelod o'r tîm dan 20 oed y pryd hynny, felly ro'dd wedi fy ngweld yn chwarae ar y lefel ryngwladol hefyd.

Daeth hyfforddwr amddiffyn newydd i'r clwb yr un pryd â Nigel. John Muggleton oedd ei enw ac ro'dd e wedi ennill Cwpan y Byd gyda'r Crysau Duon. Felly ro'dd e'n sicr yn ddyn o'dd yn gyfarwydd â rygbi ar y lefel ucha posib. Ro'dd presenoldeb Muggo yn help mawr i fi'n bersonol. Fe ddatblyges i sgiliau newydd o dan ei hyfforddiant. Cofiwch, nid fi o'dd y dewis cynta naturiol yn nhîm y Scarlets. Regan King a Gavin Evans o'dd yn hawlio safle'r ddau ganolwr. Ond yn ystod yr ail dymor hwnnw byddai'r cyfleon yn dod yn amlach i fi.

Mae'n siŵr mai'r hyn y bydd pawb yn ei gofio am dymor 2008/09 fydd gadael Parc y Strade. Ro'dd yn gae o'dd yn enwog ar draws y byd, a Llanelli wedi chwarae yno am dros ganrif. Ar y Strade y gwnaeth tîm y Scarlets ei enw trwy guro timau o dramor, ennill cwpanau di-ri, ennill pencampwriaethau yn ogystal â datblygu chwaraewyr unigol dawnus. Daeth nifer o'r chwaraewyr hyn yn rhan o chwedloniaeth rygbi'r byd. Ond doedd yr adnoddau ar y Strade ddim yn ddigon da ar gyfer gofynion y gêm rygbi broffesiynol. Tîm rhanbarth o'dd tîm y Scarlets erbyn hynny, a do'dd yr adnoddau ddim yn gweddu i'r cyfnod newydd. Do'dd llawer o gefnogwyr y Scarlets ddim am symud o'r Strade, ac ro'dd llawer o'r hen gewri yn anfodlon hefyd. Ond ro'dd y penderfyniad wedi'i wneud.

Mae'n siŵr ei fod yn wir nad ydi'r awyrgylch ar Barc y Scarlets ddim i'w gymharu â'r hyn o'dd e ar y Strade. Ond mae'r stadiwm newydd yn dechrau creu ei awyrgylch ei hun erbyn hyn. O'n safbwynt i, fel chwaraewr, dwi'n falch iawn i fi gael cyfle i chwarae ar y Strade cyn i'r clwb symud. Fel cefnogwr byddwn i'n mynd yno'n grwt bach, felly dwi'n gwybod yn iawn sut ro'dd y cefnogwyr yn teimlo mewn gêm ar y Strade. Profiad digon rhyfedd o'dd symud i'r stadiwm newydd. Ond pan wnaethon ni setlo, ro'dd yn amlwg ei bod hi'n stadiwm anhygoel. Mae'r adnoddau yno'n arbennig ac o'u cymharu ro'dd pethau ar chwâl, braidd, ar y Strade. Byddai'n rhaid i ni ymarfer mewn sawl lle gwahanol hyd yn oed. Ond mae popeth o dan yr un to ar Barc y Scarlets ac mae'r adnoddau sydd yno yn gymaint gwell.

Tymor digon anodd o'dd yr un cynta gawson ni ar Barc y Scarlets. Ro'dd angen i ni fel chwaraewyr ddod yn gyfarwydd â threfn newydd. Ro'dd disgwyl i'r cefnogwyr gyfarwyddo â mynd i le gwahanol i wylio'r Scarlets yn chwarae, ac fe fuodd hynny'n anodd iawn. Chawson ni fel tîm ddim tymor da iawn ac o ganlyniad ro'dd yn anodd denu'r dorf draw i Barc y Scarlets. Dilyn tîm sy'n ennill y bydd pobol, a doedden ni ddim yn ennill digon i'w denu.

Ar ôl Nadolig 2008, fe ddechreues i chwarae yn fwy rheolaidd i'r tîm. Ro'n i'n dechrau ennill fy lle fel y dewis cynta yn y canol, ac yn cael cyfle i chwarae wrth ochr Regan King. Mae'n siŵr mai fe yw'r chwaraewr gorau dwi wedi chwarae gydag e, o ran sgiliau defnyddio'r bêl a'r ffordd y bydd yn darllen gêm. Dro ar ôl tro, byddai'n siarad â fi yn ystod gêm ac yn awgrymu ble dylwn i redeg, a ble i sefyll er mwyn derbyn pàs ganddo fe. Ro'dd y gorchmynion hyn yn aml yn dibynnu ar yr hyn y byddai'n bwriadu ei wneud, cyn iddo ddigwydd. Dysgodd hynny fi sut i ddarllen gêm. Dysges hefyd fod angen chwarae'n geidwadol ambell waith, nid dim ond rhedeg at y gwrthwynebwyr fel tarw.

Ystyriwch wedyn mai'r chwaraewr yr ochr arall i fi o'dd Stephen Jones. Allwn i ddim fod wedi gofyn am well athrawon ar y cae rygbi ar ddechrau fy ngyrfa. Stephen i'r chwith a Regan i'r dde. Y wers fawr ddysges i gan Stephen o'dd pwysigrwydd siarad llawer mwy 'da'r maswr yn ystod gêm. Dywedodd mai fi o'dd ei lygaid a'i glustiau fe mewn gwirionedd, a bod angen cyfathrebu da rhwng rhif 12 a rhif 10. Ro'dd Stephen newydd ddod 'nôl o Clermont i'r clwb pan ddechreues i chwarae. Dyna'r union glwb y bydda i'n ymuno â nhw ar ddiwedd y tymor. I Clermont hefyd yr aeth Regan o'r Scarlets – a bydd e'n dod 'nôl i Barc y Scarlets pan fydda i'n gadael.

Do'dd y tymor hwnnw ddim yn dymor da iawn i ni. Ond ro'dd rhai unigolion wedi disgleirio i'r Scarlets ac i Gymru. Ro'dd Stephen Jones a Matthew Rees yn ffefrynnau i gael eu dewis i garfan y Llewod. Ro'dd yn brofiad da iawn eistedd gyda charfan y Scarlets yng nghwmni Stephen a Matthew yn gwylio Sky Sports er mwyn gweld a o'dd y ddau wedi cael eu dewis i deithio gyda'r Llewod. Mawr o'dd eu rhyddhad a'u cyffro ar ôl gweld eu hwynebau ar y sgrin fel aelodau o'r garfan. Cafodd y gweddill ohonon ni hefyd gyfle i flasu'r hyn ro'dd yn ei olygu i unigolion gael eu dewis i garfan y Llewod.

Erbyn diwedd y tymor, ro'n i am wybod o'n i wedi cael fy newis fel aelod o garfan Cymru ar gyfer eu taith i Ogledd America yn haf 2009. Ro'dd rhai wedi dweud bod siawns go dda 'da fi o fod yn y garfan. Anodd iawn anwybyddu sylwadau fel yna a'u hanghofio. Ond rhaid o'dd trio peidio â gadael i'r fath feddyliau effeithio ar safon fy chwarae. Bydd chwaraewyr yn cael gwybod eu bod wedi cael eu dewis i chwarae i Gymru drwy neges destun ryw bymtheg neu ugain munud cyn i'r cyhoeddiad gael ei wneud yn swyddogol.

Ar ddiwrnod y cyhoeddiad, fe es i i Barc y Scarlets ar gyfer y sesiwn hyfforddi arferol. Ro'n i'n ceisio peidio â meddwl am y ffaith y byddai'r cyhoeddiad yn cael ei wneud y diwrnod hwnnw. Ro'dd yn rhaid osgoi'r demtasiwn o edrych ar fy ffôn bob munud. Yna, fe ddaeth rhai o'r bois eraill ata i i fy llongyfarch. 'Pam?' holes i. 'Ti yng ngharfan Cymru,' medden nhw. Fe edryches ar fy ffôn a doedd dim neges yno. Ro'dd yn amlwg i fi felly fod y bois yn tynnu nghoes i. Yna, fe weles fy enw ar wefan Undeb Rygbi Cymru. Ro'n i wrth fy modd. Ar ôl yr holl amheuon, fe ddaeth y neges destun drwodd. Fe ges i lawer o gefnogaeth ac anogaeth gan y chwaraewyr eraill o Lanelli o'dd yn y garfan hefyd. Ro'dd Dwayne Peel a Mark Jones yn y garfan ac un arall a fuodd yn gefn i fi, Dafydd Jones. Mae Dafydd Jones wedi bod o gymorth mawr i fi wedyn yn fy ngyrfa rygbi. Mae wedi cymryd diddordeb arbennig yn y ffordd mae fy ngyrfa'n datblygu ac wedi fy nhynnu i'r naill ochor yn aml i gael gair bach 'da fi ynglŷn â rhyw agwedd o'm chwarae.

Ar ddiwedd y tymor, felly, draw â ni i gyd i westy'r Vale, pencadlys carfan Cymru. Dyna brofiad newydd arall i fi. Y flwyddyn honno, ro'dd carfan gref iawn gan Gymru i fynd ar eu taith haf. Ro'dd Gareth Cooper gyda ni, James Hook, Duncan Jones, bois profiadol a galluog iawn. Robin McBryde o'dd yr hyfforddwr. Ro'dd cael cyfle i chwarae gyda bois profiadol yn gwbl newydd i mi a hefyd y profiadau a gawn o ddydd i ddydd. Rhywbeth cwbl newydd i fi o'dd hedfan mas i Ogledd America yn *business class* yr awyren. Ro'n i wedi hurto'n llwyr. Edrychodd Daf, Mark a Dwayne ar fy ôl i, chwarae teg, ac mae'n siŵr eu bod nhw'n meddwl bod gofalu amdana i fel carco plentyn bach ar drip ysgol Sul.

Mae bod yn aelod o garfan ryngwladol yn gam uwchben y gêm ranbarthol yn sicr. Mae mwy o bwysau i beidio â gwneud camgymeriad. Mae'r chwaraewyr yn awyddus i osgoi siomi'r rhai sydd wedi'u dewis i gynrychioli eu gwlad. Rhaid peidio â siomi'r chwaraewyr eraill hefyd. Ac, wrth gwrs, ro'dd yn bwysig na fyddwn yn siomi fi fy hunan ar ôl cael y fath gyfle.

Do'n i ddim yn disgwyl bod yn ddewis cynta ar y daith gan fod James Hook gyda ni. Ro'dd e ac Andrew Bishop yn ymarfer cryn dipyn fel y ddau ganolwr. Ond cafodd Hook alwad hwyr i ymuno â'r Llewod, felly, fe wnaeth fy ngobeithion i o chwarae wella cryn dipyn wedyn. Ro'dd y gêm gynta yn Toronto, yn erbyn Canada. Nid mewn stadiwm debyg i Stadiwm y Mileniwm na Pharc y Scarlets chwaith, ond yn hytrach ar gae'r brifysgol. Daeth Neil Jenkins ata i cyn cyhoeddi'r tîm i chwarae yn y gêm honno a dweud wrtha i y byddwn i'n dechrau yn y gêm honno. Do'dd dim modd i fi guddio fy llawenydd. Fel crwt, ro'n i wedi cefnogi Cymru'n llawn angerdd. Nawr, ro'n i'n cael gwisgo'r crys coch enwog hwnnw fy hunan.

Wrth i ni agosáu at y maes, fe welon ni'r staff yn codi'r seddi dros dro o amgylch y cae. Y rhain fyddai'r stands – nid seddi ychwanegol o'n nhw. O'r sedd y tu ôl i fi clywes lais Tom James, asgellwr Caerdydd, yn rhyfeddu at y fath adnoddau gwael ac ychwanegodd wedyn y byddai e'n casáu ennill ei gap gynta mewn lle o'dd yn gymaint o dwll. Fe siomodd hynna fi ychydig wrth ei glywed, mae'n rhaid dweud. Ond, yn ddigon clou wedyn, ro'n i wedi cyffroi unwaith eto wrth ystyried fy mod yn mynd i ennill fy nghap cynta dros fy ngwlad. Do'dd dim ots 'da fi ai stands dros dro oedd yno neu beidio. Ro'n i'n fwy cyffrous na nerfus. Os rhywbeth, ro'n i'n fwy nerfus ynglŷn â chael fy anafu yn yr ymarfer cyn y gêm a cholli fy nghap cynta nag o'n i yn ystod y gêm ei hunan. Ro'dd fy rhieni wedi hedfan mas i weld eu mab yn cael ei gap cynta hefyd, ac ro'dd hynny'n deimlad sbesial iawn. Ar ôl ennill y gêm, ro'dd hi'n braf cael eu gweld a thynnu fy llun gyda nhw i gofio'r achlysur.

Ond os o'n i'n nerfus ynglŷn â chael fy anafu cyn y gêm, ro'n i'n dipyn mwy nerfus ynglŷn ag un peth o'dd i ddigwydd ar ôl y gêm. Rhaid i bob chwaraewr sy'n ennill ei gap cynta ganu cân yn y cinio wedi'r gêm. Falle mod i'n Gymro balch, ond dwi ddim yn enwog am fy nghanu. Yn enwedig o flaen grŵp o fois digon bywiog o'dd yn barod iawn i chwerthin am fy mhen. Ro'dd sawl cap newydd y diwrnod hwnnw, Sam Warburton yn eu plith. Ond fi gafodd ei alw gynta i ganu gan Mark Jones, o'dd yn arwain y noson. Codes ar fy nhraed, a nwylo'n ysgwyd yn llythrennol. Dewises ganu 'Doh wah diddy' am ryw reswm, falle achos bod y geiriau'n rhwydd. Ro'dd hefyd yn gân y byddai pawb yn debygol o ymuno gyda fi i'w chanu, gan dynnu peth pwysau oddi arna i. Dywedodd rheolwr y tîm, Alan Phillips, i fi wneud dewis da beth bynnag.

Do'n i ddim yn disgwyl cael fy newis ar gyfer yr ail gêm, yn erbyn yr Unol Daleithiau yn Chicago. Ond, unwaith eto, daeth Neil Jenkins ata i cyn y cyhoeddiad swyddogol a dweud fy mod wedi cael fy newis. Ro'dd y gêm honno'n well na'r un yn erbyn Canada. Sgories fy nghais cynta dros fy ngwlad. Nicky Robinson o'dd y maswr ac fe giciodd gic fach ddigon cywrain dros eu llinell amddiffyn nhw. Es i ar ôl y bêl, adlamodd honno i mewn i nwylo, a bant â fi am ryw 60 metr at y llinell gais a thirio'r bêl yn ddigon balch.

Yn hwyr yn yr ail hanner, ro'n ni'n ymosod. Daeth y bêl i fi ac wrth i fi agosáu at eu llinell gais nhw, ro'dd dau amddiffynnwr o mlaen i, a Mark Jones wrth fy ochr. Fe wnes i ffugio pasio'r bêl i Mark, ac fe aeth eu hamddiffynwyr nhw tuag ato fe gan adael bwlch i fi groesi am gais arall. Ro'n i uwchben fy nigon. Wedi sgorio dau gais dros Gymru yn fy ail gêm brawf. Ces gymeradwyaeth frwdfrydig gan y bois eraill, chwarae teg, heblaw am Mark Jones wrth gwrs. Daeth ata i a dweud bod deg mlynedd arall 'da fi i sgorio ceisiau dros Gymru, ac yntau ar fin gorffen ei yrfa ac yn awyddus i gael ambell gais arall. Pam nad o'n i wedi pasio iddo fe? gofynnodd. Tynnu coes o'dd e wrth gwrs, fel mae Mark wastad yn ei wneud. Fe ges i ddigon o hynny ar y daith gan fy mod wedi rhannu stafell ag e hefyd.

Ro'dd 'na un peth lle ro'n i ymhell ar y blaen i Mark fodd bynnag, a'r rhan fwya o'r bois eraill hefyd, mae'n siŵr. Rydw i wrth fy modd â chwaraeon Americanaidd. Dwi'n dwlu ar bêl-droed Americanaidd, pêl-fasged, *baseball* a thamed bach o hoci iâ hefyd. Felly, pan ddaeth yn fater o orfod esbonio'r gêmau hynny i'r lleill, fi fyddai'n gwneud. Gan ein bod yn Chicago, ro'dd yn rhaid mynd i weld tîm *baseball* enwog y Chicago White Sox yn chwarae.

Un o'r sgyrsiau gafodd Mark â fi o'dd pwy ddyle fod yn gapten y Scarlets y tymor ar ôl i ni fynd adre. Ro'dd Simon Easterby wedi bod yn gapten am bum tymor yn olynol, tipyn o gamp. Ond ro'dd wedi rhoi'r gorau i'r swydd. Fe enwes i ambell chwaraewr, a Stephen Jones fel yr un amlwg. Do'n i ddim yn sylweddoli bod Mark yn gwybod ar y pryd mai fe fyddai'n gapten y Scarlets y tymor wedyn. Enwes i mohono fe o gwbl fel rhywun i'n harwain fel carfan. Nid am nad o'n i'n credu y gallai wneud y gwaith, ond wnes i ddim meddwl.

Yn nhymor newydd 2009, y gêmau Ewropeaidd

roddodd brofiad bythgofiadwy i fi. Fe gawson ni ddechrau gwael iawn yn y Gynghrair. Ond daeth llwyddiant yn Ewrop. Enillon ni yn erbyn Brive yn Llanelli ac yna ro'dd taith i chwarae'r Gwyddelod yn Llundain. Fe basies y prawf ffitrwydd o drwch blewyn i chwarae yn erbyn y Gwyddelod. Ond ro'dd y gêm ei hun yn eitha anodd i fi a bu'n rhaid i fi adael y cae ar ôl tua chwarter awr o'r ail hanner. Ro'dd eistedd ar yr ystlys i weld diwedd gêm o'dd mor gyffrous yn anodd iawn, iawn. Ond llwyddodd y bois i ddal eu gafael ar y gêm ac ro'dd hi'n fuddugoliaeth bwysig iawn i ni – Scarlets 24, Brive 12. Ro'dd yn un o'r gêmau mawr Ewropeaidd sy'n rhan o chwedloniaeth y clwb. Fel cefnogwr, ro'n i wedi cael y wefr o weld y tîm yn ennill yn Ewrop. Ro'n i wedi gwneud hynny nawr fel chwaraewr.

Y sioc wedyn i fi o'dd cyhoeddi carfan Cymru ar gyfer gêmau'r hydref y flwyddyn honno. Ro'dd Rhys Priestland a fi ar ein ffordd lan i Lundain i weld gêm bêl-droed Americanaidd (NFL) pan ddaeth neges destun i ddweud fy mod i yn y garfan. Do'n ddim yn disgwyl hynny gan fod y Llewod i gyd 'nôl a Tom Shanklin wedi gwella o'i anaf. Ond, ro'n i wedi cael fy newis. Ro'n i'n raddol bach yn sefydlu fy hunan fel canolwr cyson nawr. Ro'n i'n ddewis cynta gyda fy nghlwb ac yn dechrau dod yn rhan sefydlog o garfan Cymru.

Am y gêm gynta yn erbyn Seland Newydd ro'n i
ar y fainc a fan'na arhoses i drwy'r gêm. Ar gyfer
yr ail gêm hefyd, yn erbyn Samoa, ar y fainc ro'n
i. Yna, torrodd Shanklin ei drwyn a dyna nghyfle
i chwarae dros Gymru, yng Nghymru. Y tro cynta
i fi gael fy newis i ddechrau gêm dros Gymru yng
Nghaerdydd o'dd yr wythnos ganlynol yn erbyn
yr Ariannin. Ro'n i'n chwarae yn erbyn Awstralia
yr wythnos ganlynol, oherwydd anaf i Shane
Williams, a bu'n rhaid i fi chwarae ar yr asgell.
Does dim eisie gofyn – ro'dd hwnna'n brofiad
gwahanol.

Ro'dd gêmau'r hydref yna'n rhai anodd iawn
i fi. Ro'n nhw'n llawer mwy dwys nag roeddwn i
wedi arfer ag e. Ond fe ges i un profiad sydd wedi
aros gyda fi hyd heddi. Mae'r wefr o deithio ar y
bws drwy'r rhesi o gefnogwyr ar hyd strydoedd
Caerdydd yn anhygoel. Bydda i'n cael yr un wefr
bob tro. Mae chwarae yng Nghaerdydd fel cyffur
rydych chi eisie mwy a mwy ohono. Mae'n lle
gwych i chwarae ac mae'r gefnogaeth a'r angerdd
yn amhosib i'w disgrifio.

Ond wnes i ddim mwynhau'r gêmau hynny.
Dwi ddim yn gwybod o'n i'n barod i'w chwarae
ai peidio. Efallai ei fod yn gam uwch nag ro'n i
wedi'i ystyried. Ar y pryd, do'n i ddim yn credu
i fi ddysgu unrhyw beth o'r gêmau hydref cynta
hynny. Ond nawr, wrth edrych yn ôl, ro'n nhw'n

gêmau gwerthfawr dros ben. Fe ddysges fod angen dysgu oddi wrth y profiadau amhleserus yn ogystal â'r rhai llwyddiannus. Fe sylweddoles fod yn rhaid i fi weithio'n galetach i gynnal y safon ro'dd y dewiswyr yn credu fy mod wedi'i chyrraedd. Fe ddysges i beidio â chymryd llwyddiant yn ganiataol. Ro'dd yr holl brofiad yn agoriad llygad go iawn. Mae profiadau amhleserus yr hydref hwnnw wedi troi'n rhan bwysig o ngyrfa a'm datblygiad fel chwaraewr. Ond, diolch byth, byddai dyddiau da i ddod i fi yng nghrys coch Cymru ac fe gawn gyfle i brofi llwyddiant eto.

Newid cyfeiriad

OND DDAETH Y LLWYDDIANT hwnnw ddim i fi ym Mhencampwriaeth y Chwe Gwlad yn ddiweddarach yn y tymor hwnnw. Ces fy newis i'r garfan unwaith eto. Ond chwaraees i 'run gêm. Jamie Roberts a James Hook o'dd y dewis yn y canol, gydag Andrew Bishop yn eilydd. Do'n i ddim yn chwarae cystal i'r Scarlets y tymor hwnnw chwaith, mae'n rhaid i fi gyfaddef. Alla i ddim esbonio pa mor rhwystredig o'dd hi i beidio â bod yn rhan o'r chwarae yng nghystadleuaeth y Chwe Gwlad. Teimlad annifyr iawn i chwaraewr rhyngwladol yw teimlo'i fod yno er mwyn cario bagiau. Erbyn hyn, dwi'n gallu gosod penderfyniadau fel yna mewn persbectif gwell ac yn gallu eu derbyn fel rhan o'r gêm. Dwi'n llawer mwy hunan-feirniadol nawr ac yn pwyso a mesur fy mherfformiad fy hunan yn llawer gwell nag o'n i'n ei wneud y pryd hynny. Ar ddechrau gyrfa, mae'n anodd iawn gweld unrhyw feiau mewn perfformiad.

Wnaeth pethau ddim gwella ar daith Cymru yn haf 2010 chwaith. Unwaith eto, fe ges i fy newis i fynd ar y daith i Seland Newydd, ac yn y prawf cynta ro'n i ar y fainc. Ond rhyfedd sut

45

mae pethau'n gallu newid. Torrodd y canolwr Andrew Bishop ei law yn yr ail gêm brawf. Mlaen â fi, felly, i chwarae yn erbyn y Crysau Duon ochr yn ochr â Jamie Roberts. Fe gollon ni'r gêm, ond chwaraeodd Jamie a fi'n dda gyda'n gilydd. Dwi o'r farn mai yn y gêm honno y dechreuodd y bartneriaeth rhwng Jamie a fi weithio, ac mae wedi para'n llwyddiannus iawn tan heddi. Mae pethau'n gallu newid mor sydyn â hynny. Diolch byth eu bod nhw.

Ro'dd gwahaniaeth amlwg yn fy ngêm ar ddechrau'r tymor ar ôl dod yn ôl o Seland Newydd. Ro'n i'n chwaraewr mwy siarp, a mwy hyderus. Ond fe ges i anaf a do'dd dim sicrwydd y byddwn i'n ffit ar gyfer y gêm yn erbyn Awstralia yng nghyfres yr hydref. Dywedodd Warren Gatland wrtha i ei fod am fy nghynnwys yn y gêm petawn i'n gwella. Yn y sesiwn cynta ar ôl gwella, fe ges i anaf arall. Felly ches i'r un gêm o gwbl tan ar ôl y Nadolig.

Fe ddes i 'nôl ar ddechrau'r flwyddyn newydd ar dân. Ro'n i'n chwarae'n dda i'r Scarlets ac fe ges fy newis unwaith eto i fod yng ngharfan Chwe Gwlad Cymru. Cafodd Jamie a fi ein dewis i chwarae yn erbyn Lloegr yng ngêm gynta'r bencampwriaeth. Ro'n ni'n chwarae'n eitha da gyda'n gilydd yn y cyfnod hwnnw. Ond eto, dyna pryd y dechreuodd y cwestiynau godi ynglŷn â

Jamie a fi. Ro'dd rhai pobol yn meddwl bod y ddau ohonon ni'n rhy debyg o ran ein harddull chwarae. Yn ôl y beirniaid hynny, doedden ni ddim yn bartneriaeth iawn i chwarae ochr yn ochr. Ro'dd angen cael cyfuniad arall. Mewn un ffordd, ro'n i'n gallu deall pam bod y straeon wedi dechrau. Ro'dd y ddau ohonon ni tua'r un maint, a'r ddau ohonon ni'n chwarae gêm gorfforol iawn.

Yn y gêmau Chwe Gwlad hynny, fe chwaraeon ni bedair gêm o'r pump gyda'n gilydd. Ar ôl y gêm ola yn erbyn Ffrainc, pan gafodd Cymru dipyn o grasfa, a dweud y gwir, cafodd Rob Howley air gyda fi a Jamie. Fe wnaeth e a Neil Jenkins siarad yn eitha plaen gyda ni. Dywedodd Rob wrthon ni ei fod yn feirniadol iawn o'n chwarae ni yn y gêm ola. Un pwynt gafodd ei godi o'dd nad oedden ni'n gweithio'n ddigon caled y tu allan i sesiynau ymarfer swyddogol y garfan. Mae pwyslais mawr ar y gwaith y bydd chwaraewyr yn ei wneud ar eu pennau eu hunain. Y rhai sy'n llwyddo, a'r rhai sy'n disgleirio'n fwy na'r lleill, yw'r rhai sy'n gwneud y gwaith ychwanegol hwnnw. Ro'dd yn dda clywed Rob a Neil yn siarad mor blaen. Falle nad o'dd yn hawdd gwrando arnyn nhw, ac fe wnaethon nhw ein hysgwyd ni. Ro'n nhw'n eiriau mwy perthnasol byth am fod y flwyddyn honno'n flwyddyn cynnal Cwpan y Byd. Ro'dd angen codi ein gêm ar gyfer hynny, heb os nac oni bai.

Yn ôl arfer carfan Cymru ar y pryd, fe aethon ni i Spala yng Ngwlad Pwyl ar gyfer sesiynau ffitrwydd dwys iawn. Mae'r holl brofiad o fod mas yn Spala yn un brawychus, a dweud y lleia. Mae hi mor oer yno, ymhell o dan y pwynt rhewi, a does dim cyfleusterau moethus yno o gwbl. Ro'dd yr hyfforddi'n galed, galed, a'r sesiynau'n hir, hir. Byddai ein dyddiau'n dechrau am saith y bore ac yn gorffen am wyth y nos. Byddai seibiant i'w gael o bryd i'w gilydd, er nad o'dd fawr ddim gobaith o wneud unrhyw beth yr adeg honno. Bydden ni i gyd yn cerdded o gwmpas fel *zombies*. Ar un adeg, byddai'r rhan fwya ohonon ni'n mynd 'nôl i'n stafelloedd ar ôl cinio i gysgu am ryw awr a hanner cyn y sesiwn nesa. Ro'dd yn rhaid trio cael egni o rywle. Os o'dd cysur o gwbl wrth gyrraedd diwrnod ola'r cyfnod yn Spala, fe ddiflannodd hynny'n syth wrth glywed y bydden ni 'nôl yno ymhen chwe diwrnod, am wythnos arall!

Ond dwi'n un o'r chwaraewyr hynny sy'n credu bod yr ymweliadau â Gwlad Pwyl wedi gweithio. Do'n i ddim yn gallu credu faint o waith ro'dd yn bosib ei wneud ar y corff yn y cyfnod pan o'n ni mas yng Ngwlad Pwyl. Fe ddaeth canlyniad y dioddef yn Spala yn sicr yn amlwg yng Nghwpan y Byd. Mae cystadleuaeth yn eitha hwb i rywun weithio'n galetach hefyd. Ro'dd Gavin Henson 'nôl yn y garfan a Scott Williams wedi ymuno â ni hefyd. Ro'dd presenoldeb dau a allai gymryd fy lle yn ddigon o sbardun i fi weithio'n galetach.

Yn erbyn Lloegr ro'dd y gêm gynta i baratoi ar gyfer Cwpan y Byd. Ro'n i'n nerfus iawn cyn y gêm honno gan nad o'n i wedi chwarae gêm ers amser hir. Mae chwarae yn erbyn Lloegr ar unrhyw achlysur yn gêm fawr. Er y byddai'n cymryd rhyw ddwy neu dair gêm i fi ddod 'nôl at fy ngorau, nid dyna'r gêm i fod yn nerfus wrth fynd ar y cae. Fe gollon ni'r gêm yna, do, ond ro'dd y bois i gyd yn credu i ni dynnu at ein gilydd erbyn y diwedd. Ro'n ni'n teimlo'n gryf ein bod yn symud i'r cyfeiriad cywir. Fe orffennon ni'r gêm yn erbyn Lloegr yn gryf iawn tra o'n nhw'n amlwg yn gwanhau erbyn ugain munud ola'r gêm. Chwaraees i ddim yn y gêm nesa yn erbyn Lloegr ond fe chwaraees yn erbyn yr Ariannin. Ro'dd gêmau'r paratoi drosodd felly. Rhaid fyddai aros i wybod a fyddwn i'n mynd gyda Chymru i Gwpan y Byd.

Ro'n i'n gobeithio'n fawr iawn y byddai fy enw ar y rhestr i fynd i Seland Newydd, ac nid yn unig oherwydd fi fy hunan. Ro'dd Mam a Dad wedi cymryd gwyliau o'u gwaith i wylio gêmau'r gystadleuaeth honno. Ro'dd yn rhaid iddyn nhw drefnu hynny cyn gwybod a fyddai eu mab wedi cael ei ddewis i fod yn rhan o'r gystadleuaeth. Diolch byth, pe bai ond er eu mwyn nhw, fe ges i fy newis. Doedden nhw ddim wedi gwastraffu eu harian.

Daeth yr amser i hedfan i Wellington, Seland Newydd, lle ro'dd ein gêm gynta yn erbyn De Affrica ym mis Awst 2011. Nhw o'dd y ffefrynnau ar gyfer y gêm honno heb unrhyw amheuaeth. Ond ar ôl i ni golli, ro'dd 'na deimlad cryf ymhlith y bois y dylen ni fod wedi ennill mewn gwirionedd. Hon o'dd y gêm pan wnaeth Sam Warburton a Dan Lydiate argraff ar lwyfan rygbi'r byd hefyd. Un newid amlwg arall yn y gêm honno – doedden ni ddim wedi'u hofni nhw ar unrhyw adeg. Ro'dd hynny mor wahanol i'r ffordd o'dd pethau yn y gorffennol. Dwi ddim yn credu i ni fod ag ofn unrhyw un o dimau'r byd ers hynny. Y cam nesa i Gymru fydd curo timau Hemisffer y De. Fe ddaw hynny, dwi'n siŵr. Ar ben hynny, ro'dd ein ffitrwydd yn amlwg. Yn draddodiadol, efallai fod tuedd i dimau Cymru ar hyd y blynyddoedd wanhau wrth gyrraedd ugain munud ola gêm ryngwladol. Ond oherwydd y pwyslais cynyddol ar ffitrwydd, ac oherwydd yr ymweliadau â Spala, doedd ein carfan ni'r flwyddyn honno ddim yn gwanhau wrth ddod at ddiwedd gêm. Roedden ni nawr yn cystadlu am yr wyth deg munud llawn. Ro'dd teimlad amlwg fod pethau'n newid ar sawl lefel yng ngharfan Cymru.

Gêm anniben o'dd y nesa yn erbyn Samoa. Rhyddhad o'dd cyrraedd diwedd yr wyth deg munud ac ennill y gêm. Yn erbyn Namibia ro'dd y gêm wedyn, ac fe wnaethon ni eu curo nhw'n rhwydd. Ro'dd hynny'n braf hefyd gan mai dyna beth fydd tîm da yn ei wneud. Rhoi crasfa go iawn i dimau llai, heb fod arnyn nhw ofn gwneud hynny. Mae'n cymryd hyder i fod mor glinigol ag ro'n ni yn y gêm honno. Ar y fainc ro'n i ar gyfer y gêm yn erbyn Fiji, ond fe chwaraees i yn ystod y chwarter awr ola. Ro'dd yn bwysig i ni ennill yn erbyn Samoa a Fiji, gan i ni golli yn erbyn y gwledydd hynny mewn cystadlaethau blaenorol. Fe ddaethon ni drwy'r prawf hwnnw â'n hyder yn uchel.

Yn bersonol, wrth feddwl am y gêm nesa, a honno yn rownd yr wyth ola, do'n i ddim yn hollol ffyddiog y byddwn i'n cael fy newis gan fod Jamie a Scott Williams wedi chwarae mor dda yn y canol yn erbyn Fiji cyn i fi ddod ar y cae. Sgoriodd Scott dri chais yn erbyn Namibia hefyd. Rhyddhad mawr, felly, o'dd cael fy newis yn erbyn Iwerddon. Ro'n i wedi cyffroi'n llwyr wrth feddwl am gael chwarae yn rownd wyth ola Cwpan y Byd.

Ro'dd hynny'n golygu, wrth gwrs, y byddwn

i'n chwarae yn erbyn dau chwaraewr enwog iawn, sef O'Driscoll a D'Arcy. Canolwyr gyda'r gorau yn y byd a phartneriaeth safonol hefyd. Mae'n rhan o ddatblygiad chwaraewr unigol i ddod wyneb yn wyneb â'r goreuon a thrio cystadlu yn eu herbyn. Pan ddechreuodd y gêm, ro'dd bois Cymru yn chwarae fel un. Ro'dd pawb yn y lle iawn, yn gwneud y peth iawn. Rhaid cyfaddef bod yr undod yn eitha gwefreiddiol. Daeth cais i Shane, cais i Mike ac un i fi yn yr ail hanner. Hwn o'dd un o'r ceisiau gorau i fi ei sgorio dros Gymru, dwi'n siŵr. Hyrddiodd Jamie ei hun fel tarw yn erbyn rhai o flaenwyr Iwerddon, yna mas â'r bêl i rai o'n blaenwyr ni, a mas wedyn i Rhys Priestland. Rhedodd ar yr ochr dywyll, a fi wrth ei ochr. Fe basiodd y bêl i fi ac erbyn hynny ro'dd Leigh Halfpenny wedi dod y tu fas i fi. Ro'n i wedi hanner meddwl pasio i Leigh, ond fe wnes i dorri bwlch rhwng eu hamddiffyn nhw a chroesi'r llinell gais. Ar ôl codi, do'n i ddim yn gallu stopio gwenu. Ro'n i wrth fy modd. Gwell byth o'dd y teimlad ar ddiwedd y gêm honno, a ninnau wedi ennill. Ro'dd Cymru'n dal yn rhan o gystadleuaeth Cwpan y Byd. Doedden ni ddim ar y ffordd adre.

Teimlad rhyfedd o'dd cerdded o gwmpas ein gwesty yn y dyddiau ar ôl y gêm yn erbyn Iwerddon. Ro'n ni yn rownd gynderfynol Cwpan y Byd. Ond doedd hynny ddim yn newyddion cystal i fy rhieni. Ro'n nhw wedi bod yn America cyn dod allan i weld gêmau Cwpan y Byd. Eu cynllun wedyn o'dd mynd i Awstralia a Singapore ar y ffordd adre. Ro'dd hynny wedi'i drefnu. Do'n nhw ddim yn disgwyl i Gymru gyrraedd y rownd gynderfynol. Ro'n nhw wedi trefnu awyren i Awstralia cyn y gêm honno, ac er mwyn iddyn nhw allu parhau i gymryd, ro'dd gofyn newid eu cynlluniau

Dwi'n credu bod llwyddiant Cymru a'r ffordd ro'n ni'n chwarae wedi bod yn syndod i lot o bobol, nid dim ond i Mam a Dad. Ro'dd ein hagwedd gorfforol at y gêm a'n ffitrwydd yn sioc i lawer. Ro'dd perfformiadau disglair gan sawl unigolyn hefyd wedi creu diddordeb. Ac ro'dd y ffordd ro'n ni'n chwarae fel tîm yn sicr wedi denu lot o sylw gan wasg y byd i gyd.

Lan â ni i Auckland, i baratoi ar gyfer y gêm gynderfynol yn erbyn Ffrainc. Ro'n ni i gyd yn dawel ffyddiog ac yn edrych ymlaen yn fawr iawn at y gêm. Ro'dd yn anhygoel bra_fiach byth cyrraedd y rownd honno gan wybod bod Lloegr mas o'r gystadleuaeth yn llwyr. Wrth i ni gerdded i mewn i'r gwesty yn Auckland, ro'dd Sais yn sefyll yn y cyntedd. Gwaeddodd draw at y bois, 'Go on, Wales, do it for Britain!' Wel, bois bach, meddylies i, maen nhw'n sydyn reit am gydnabod Cymru!

Ro'dd cynhadledd y wasg rai dyddiau cyn y gêm yn anhygoel. Dwi erioed wedi gweld stafell mor llawn o ohebwyr rygbi o bob cornel o'r byd. Ro'dd pawb eisie cael hyw ddyfyniad ganddon ni. Un peth o'dd yn bwysig drwy'r holl gyffro a'r paratoi ar gyfer gêm mor fawr, sef cadw'r hyn o'dd wedi bod yn wir amdanon ni drwy'r gystadleuaeth. Cadw'r undod, a chadw'r hyder. Un cysgod o'dd dros y paratoadau. Ro'dd Rhys Priestland anaf yn erbyn Iwerddon, ac oedd hi ddim yn edrych yn debygol y byddai'n ffit i chwarae yn erbyn Ffrainc. Do'dd neb yn ei gau gallu un o'r ddau allai gymryd ei le – Stephen Jones neu James Hook. Mae'r ddau'n chwaraewyr profiadol ac arbennig iawn. Ond ro'dd Rhys wedi chwarae mor dda drwy gydol y gystadleuaeth. Ro'dd ei hyder a'i allu yn dylanwadu'n fawr ar y gweddill ohonon ni mas yn Seland Newydd. Yn anffodus, fe fethodd ddod yn ddigon ffit i chwarae. Ond ro'dd ei gyfraniad i ymdrech Cymru yn Nghwpan y Byd yn sicr yn un sylweddol.

Ar ddiwrnod y gêm fe ges i flas ar un o fy hoff bethau, sef y daith ar y bws i'r stadiwm. Yn union fel y cawn fy nghyffroi 'nôl yng Nghaerdydd, ro'dd gweld y torfeydd a'r baneri a chlywed y sŵn a'r gweiddi yn wefreiddiol. Dwi'n ymateb yn bositif iawn i awyrgylch trydanol fel 'na. Mae rhai'n dweud bod awyrgylch felly'n gallu bod yn fygythiol. Dyna sut mae pobol yn disgrifio awyrgylch stadiwm Clermont. Ond y llynedd, mas yno gyda'r Scarlets, do'n i ddim yn teimlo unrhyw fygythiad gan dorf o gefnogwyr mor danbaid. Mae'n fy ysbrydoli i'n fwy na dim, hyd yn oed pan fydd torf y gwrthwynebwyr yn creu'r fath awyrgylch.

Pan ddechreuodd y gêm yn erbyn Ffrainc, ro'dd yr awyrgylch yn an goel. A do, fe gawson ni ddechrau digon tanll Mae'n un o straeon dramatig a chwedlonol y byd rygbi erbyn hyn. Fe weles i Sam Warburton yn taclo un o chwaraewyr Ffrainc. Fy marn onest wrth weld y tacl ar y cae ar y pryd o'dd nad o'dd yn dacl mor wael â hynny. Pan weles y dyfarnwr yn galw Sam draw ato, fe drois i siarad â Shane Williams. Dywedes wrtho fe y byddai'r deg munud nesa'n galed heb Sam ar y cae. Cytunodd y ddau ohonon ni y byddai angen gweithio'n galed i wneud yn siŵr ein bod yn cadw'r bêl. Galwodd Alun Wyn ni at ein gilydd a dweud bod angen i ni ganolbwyntio hyd yn oed yn fwy nawr a gweithio'n galetach. Iawn, meddwn i a'r bois eraill, a mlaen â ni i chwarae. Munud neu ddwy yn ddiweddarach, digwyddes edrych ar y sgrin fawr yn y stadiwm. Dyna beth o'dd sioc. Gweles stribed goch o dan enw Cymru. Dyna pryd y sylweddoles i fod Sam wedi cael cerdyn coch a'i anfon bant o'r cae.

Do'n i ddim yn gwybod beth i'w ddweud na'i feddwl.

Ro'dd yn gêm dynn iawn. Wnaeth yr un tîm fentro rhyw lawer ond, ar ddiwedd yr wyth deg munud, colli o'dd ein hanes. Do'dd dim un ohonon ni'n gallu credu hynny achos dylen ni fod wedi ennill. Ro'dd siom yn pwyso'n drwm ar bob un o'r bois. Mae un peth yn gwbl glir – doedd neb yn beio Sam am golli'r gêm. Dylen ni fod wedi ennill, er mai 14 dyn o'dd 'da ni ar y cae. Fe driodd pawb guddio'i siom, ond fe fethes i. Dechreues i lefen ar y cae. Fedrwn i ddim peidio. Wedi i ni adael y cae, do'dd neb am ddweud yr un gair yn y stafell newid. Dyna'r awyrgylch rhyfedda i fi ei brofi erioed. Mas â fi wedyn i gwrdd â Mam a Dad, ac ro'dd hynny'n anodd iawn hefyd. Ond ar y llaw arall, ro'dd yn gysur.

Dywedodd Warren Gatland wrthon ni am gymryd rhai dyddiau bant. Ro'dd angen diwrnod neu ddau arnon ni i drio dygymod â'r golled. Mae angen trio deall colled fel 'na er mwyn ceisio gwneud rhyw fath o synnwyr ohoni. Fe gawson ni fel carfan amser gwerthfawr yn ymlacio gyda'n gilydd. Wedyn, ro'dd angen dechrau ymarfer unwaith eto ar gyfer y gêm a fyddai'n penderfynu ai ni neu Awstralia fyddai'n gorffen yn drydydd. Ro'dd y sesiynau cyn y gêm honno'n fflat iawn, a dweud y gwir. Yr unig beth oedd yn ein sbarduno o'dd ceisio cyrraedd y trydydd safle er mwyn dod yn gyfartal â record orau Cymru yng Nghwpan y Byd. Daeth tîm Cymru'n drydydd yn y gystadleuaeth gynta erioed yn 1987. Fe fethon ni wneud hynny, yn anffodus, a daeth Cwpan y Byd i ben yn eitha siomedig i ni. Wrth edrych 'nôl, mae pawb yn gorfod cydnabod i ni gael rhediad arbennig o dda i gyrraedd y rownd gynderfynol. Weles i mo'r ffeinal gan ein bod ni ar yr awyren ar y ffordd adre. Dwi ddim wedi gwylio'r gêm honno ers hynny chwaith, a does 'da fi ddim awydd gwneud hynny o gwbl. Ond, er y siom amlwg, roedd y gystadleuaeth wedi bod yn brofiad da i bawb.

Mae angen nodi un agwedd arall o'r ymgyrch yna, sef y cefnogwyr. Yn raddol bach, wrth i'r daith symud o gêm i gêm, fe ddaethon ni'n ymwybodol fod 'na gyffro mawr 'nôl yng Nghymru. Ar ôl y gêm yn erbyn Iwerddon ro'dd pobol yn anfon lluniau ata i, yn enwedig o Fancyfelin. Fe ges i luniau o blant y pentre tu fas i'r ysgol yn dymuno pob lwc i fi ac i Mike Phillips, gan ein bod ni'n dau yn dod o Fancyfelin. Ro'dd derbyn lot fawr o luniau o'r pentre yn creu teimladau arbennig. Ro'dd Twitter hefyd yn dechrau dod yn boblogaidd, ac ro'dd yr amseru'n grêt i allu derbyn lluniau mor gyflym ac mor gyson.

Daeth y newyddion drwodd fod Undeb

Rygbi Cymru wedi penderfynu agor Stadiwm y Mileniwm er mwyn darlledu'r gêm yn erbyn Ffrainc ar sgrin fawr yno. Dwi'n credu mai'r bwriad o'dd trio cael cymaint yng Nghaerdydd yn gwylio'r gêm ag o'dd yna ym Mharc Eden yn Seland Newydd yn ei gwylio'n fyw. Ro'dd gweld lluniau o Stadiwm y Mileniwm ar ôl y gêm yn dangos yn glir faint mae rygbi'n ei olygu i'r Cymry, a faint ro'dd y gêm arbennig honno'n ei olygu hefyd. Ro'dd y siom wnaethon ni ei theimlo ar ôl i ni golli'r gêm yn gymaint gwaeth wedyn o weld faint o bobol 'nôl yng Nghymru ro'n ni wedi'u siomi. Rydyn ni fel carfan rygbi Cymru yn lwcus iawn i gael cefnogaeth mor angerddol.

Rhaid dweud nad y Cymry yn unig o'dd yn ein cefnogi. Y noson cyn y gêm yn erbyn Ffrainc, aeth grŵp ohonon ni'r bois i'r sinema. Ar y ffordd i mewn, cafodd Adam Jones neges destun gan rywun o'dd wedi dod i gysylltiad ag e rai misoedd ynghynt. Ro'dd y neges yn dymuno pob lwc iddo fe ac i weddill tîm Cymru'r diwrnod canlynol. Pwy o'dd wedi anfon y neges? Neb llai na Boris Johnson, Maer Llundain!

Newid byd

DWI DDIM MOR SIŴR y byddai Boris Johnson wedi bod mor hapus gyda thîm Cymru yn niwedd mis Mawrth 2013. Dyna un o'r teimladau mwya emosiynol i fi ei gael ar ddiwedd gêm erioed – Cymru 30, Lloegr 3. Felly, ar ddiwedd Pencampwriaeth y Chwe Gwlad ro'dd Cymru ar frig y tabl am yr ail flwyddyn yn olynol. Ond ro'dd Lloegr wedi cael Pencampwriaeth dda iawn hefyd. Cyn y gêm yn erbyn Cymru, nhw o'dd y ffefrynnau i ennill y Goron Driphlyg a'r Gamp Lawn am y tro cynta ers degawd. Ro'dd yn rhaid i ni eu curo nhw o wyth pwynt neu fwy i ennill y Bencampwriaeth. Ar ben hynny, ro'n ni wedi colli ein pum gêm ddiwetha yng Nghaerdydd. Do'dd hi ddim yn edrych yn debygol iawn y bydden ni'n gallu cadw ein lle ar frig y tabl. Ar ben hynny, ro'dd Warren Gatland wedi cael ei ddewis i fod yn hyfforddwr y Llewod. Nid ein rheolwr arferol o'dd yn ein paratoi ar gyfer y gêm hon, er nad yw hynny'n feirniadaeth o gwbl ar Rob Howley. O ganlyniad, ro'dd ein paratoadau at y gêm yn wahanol.

Wrth gwrs, dim ond ennill o'dd ar ein meddyliau ni fel chwaraewyr. Ro'n ni'n ffyddiog y gallen ni ennill, ac yn y diwedd fe enillon ni drwy gael y sgôr ucha erioed yn erbyn Lloegr. Ro'dd yr ymateb ar ddiwedd y gêm yn anhygoel. Ro'n ni wedi ennill, wedi cipio'r Bencampwriaeth a hefyd wedi chwarae'n ddawnus ac yn awdurdodol yn erbyn yr hen elyn. Pan fyddai Cymru'n curo Lloegr yn y gorffennol, fel yn Wembley yn dilyn cais enwog Scott Gibbs yn 1999, câi'r diwrnodau hynny eu galw'n *'perfect day'*. Ro'dd 16 Mawrth 2013 yn ddiwrnod mwy perffaith nag arfer.

Wedi i'r cyffro dawelu – ac fe gymerodd hynny rai wythnosau – ro'dd yna lot o drafod am un peth yn benodol. Byddai'r Llewod yn mynd ar daith yn yr haf. Cyn gêm Cymru Lloegr, ro'dd siarad mawr yn darogan y byddai lot fawr o chwaraewyr Lloegr yn y garfan. Wedi'r gêm yn erbyn Cymru, fe glywon ni lot fawr o jôcs am chwaraewyr Lloegr. Dwi'n cofio un jôc yn dweud bod rheolwr Lloegr, Stuart Lancaster, wedi trefnu trip i garfan Lloegr i Longleat. Pam? Am mai dyna'r unig gyfle y bydden nhw'n ei gael i fynd ar daith gyda'r llewod! Mae hwyl fel yna'n rhan iachus o'r byd rygbi. Ond, fel chwaraewyr, allen ni ddim eu cymryd o ddifri wrth gwrs. Ar ôl y gêm, newidiodd y siarad i sôn y byddai lot o chwaraewyr Cymru yn y garfan. Wedi'r cyfan, rheolwr Cymru, Warren Gatland, o'dd wedi cael ei ddewis i arwain y Llewod. Ond fyddai hyfforddwr profiadol, proffesiynol fel Warren Gatland ddim yn ffafrio unrhyw chwaraewr, pa wlad bynnag ro'dd e'n ei chynrychioli. Daeth diwrnod y cyhoeddiad ar ddiwedd Ebrill. Unwaith eto, fel gyda chyhoeddi carfan y Llewod yn 2009, ro'dd carfan Llanelli yn ymarfer ar ddiwrnod cyhoeddi carfan y Llewod 2013. Ac fel y tro cynt, cafwyd toriad yn yr ymarfer er mwyn i ni gael gwylio'r cyhoeddiad ar Sky Sports yn Ystafell y Tîm. Ro'dd sôn wedi bod falle y byddwn i'n cael fy newis. Ro'dd yn anodd anwybyddu sibrydion fel yna'n llwyr. Felly ro'n i'n eitha nerfus wrth eistedd gyda bois Llanelli yn disgwyl am y cyhoeddiad. Ro'dd yn lle cyhoeddus iawn i wynebu'r siom anferth a fyddai'n dod os na chawn i fy newis.

Ro'dd y bore hwnnw wedi llusgo'n araf dros ben, a'r bois yn fy mhoeni mod i'n gwbod yn barod mod i wedi cael fy newis. Pan ddaeth amser y cyhoeddiad a ninnau wedi cyrraedd Ystafell y Tîm, fe welon ni fod y staff meddygol, staff y gegin, rheolwyr a llawer o bobol eraill yno, yn ogystal â ni'r garfan. Yn sicr, doedd 'na ddim lle i guddio petai 'na siom yn dod i fy rhan.

Fe dries fy ngorau i ymddangos fel petawn i'n ddifater ynglŷn â'r cyhoeddiad. Eistedd yn dawel yn fy sedd, a hŵd dros fy mhen. Cyn bo hir ro'n i'n cnoi ymyl yr hŵd gan ddal i feddwl fy mod yn edrych yn ddigon cŵl. Ro'dd ambell chwaraewr arall yn yr un sefyllfa â fi wrth gwrs, felly dim fi yn unig o'dd ar bigau'r drain. Pan ddechreuodd y rhaglen ar Sky Sports, ro'n i'n teimlo bod y cyflwynydd a'r gwesteion yn malu awyr. Wedi hir aros, daeth y cyhoeddiad. Diolch byth, fe ddechreuon nhw gyda'r olwyr.

Enwau'r cefnwyr ddaeth gynta. Wedyn yr asgellwyr. Dyna wyneb George North yn llanw'r sgrin a phawb yn bloeddio a sgrechen eu cymeradwyaeth yn Ystafell Tîm y Scarlets. Diflannodd llun George o'r sgrin a'r llun nesa ddaeth o'dd llun ohona i. Chlywes i mo fy enw'n cael ei gyhoeddi gan fod y bois yn dal i ddathlu'r ffaith fod George wedi'i ddewis. Petawn i wedi troi i longyfarch George yn hirach nag a wnes i, fyddwn i ddim wedi gweld fy llun fy hunan a'm henw'n cael ei gyhoeddi. Ond fe weles i fy llun ac ro'dd hynny'n ddigon. Dyna ddechrau dathlu a chymeradwyo unwaith eto wedyn. Ro'n i wedi cyffroi'n llwyr, a'r teimlad o falchder yn golchi drosta i fel tonnau. Ro'dd y bois yn grêt i George a fi. Dyna pryd mae chwaraewr yn sylweddoli gwerth bod yn perthyn i dîm. Ond daeth y foment pan nad o'n i am aros gyda nhw yn hirach. Ro'dd yr holl sylw ar George a fi'n ormod, ac ro'n i am ffonio fy rhieni. Cyn gadael y stafell, daeth yr hyfforddwr ffitrwydd, Brad Harrington, ata i a dweud iddo recordio'r holl gyhoeddiad ar ei ffôn. Ar ôl edrych ar y fideo, ro'dd yn gwbl amlwg nad o'n i mor hamddenol a chŵl ag ro'n i wedi meddwl wrth aros am y cyhoeddiad. Ro'n i'n ddychrynllyd o aflonydd!

Mas â fi o'r diwedd a manteisio ar y cyfle i ffonio fy rhieni. Ffoniais Mam yn gynta, a chyn gynted ag y clywodd fy llais ro'dd hi yn ei dagrau ar ben arall y ffôn. Yn swyddfa fy wncwl yn Arberth ro'dd hi ar y pryd, felly daeth e at y ffôn hefyd wedyn. Ro'dd e'n byrlymu o falchder. Yna ces gyfle i ffonio Nhad. Ro'dd e'n amlwg uwchben ei ddigon ac yn Dad balch iawn. Do'n i ddim yn gallu stopio gwenu, a doedd y dagrau ddim ymhell chwaith. Yn sicr, doedd 'da fi ddim geiriau i ddisgrifio'r teimlad.

Wrth i'r dyddiau wedi hynny droi'n wythnosau, ro'n i'n berson digon nerfus mewn gwirionedd. Does dim prinder straeon brawychus am chwaraewyr yn cael eu hanafu ar ôl cael eu dewis i chwarae i'r Llewod, ac yn methu teithio gyda nhw. Do'n i ddim am fod yn un o'r chwaraewyr hynny. Anodd iawn yw cael y cydbwysedd rhwng chwarae i fy nghlwb a chyfrannu digon, ond heb ymroi yn llwyr efallai, er mwyn gwneud yn siŵr na fyddwn yn cael fy anafu. Fe lwyddes i i osgoi anafiadau, diolch byth. Cefais lond bola o ofn pan chwaraeodd y Scarlets yn erbyn Ulster ar ddiwedd y tymor. Cafodd Rhys, Ken Owens, George Earle a Liam Williams eu hanafu. Ro'n i'n becso mai fi fyddai'r nesa, ond, diolch byth, ar ddiwedd y gêm ro'n i'n holliach.

Yn anffodus, ro'dd rhai pobol wedi dechrau gofyn cwestiynau am fy ymroddiad i a George yng ngêmau'r Scarlets ar ôl i ni gael ein dewis. Ro'dd hynny wedi fy mrifo. Dyw e ddim yn cymryd lot o ddychymyg i wneud sylwadau fel 'na ond maen nhw'n cael effaith ar y chwaraewyr.

Pan ddaeth diwedd y tymor o'r diwedd, ro'n i'n gallu canolbwyntio'n llwyr ar daith y Llewod. Y dasg swyddogol gynta o'dd cyfarfod â'r garfan. Fe aethon ni'r chwaraewyr o Gymru oedd wedi cael eu dewis gyda'n gilydd ar fws o westy'r Vale. Ro'dd angen bws arnon ni gan fod 15 ohonon ni wedi cael ein dewis. Do, fe fuodd cryn dipyn o sylwadau ynglŷn â hynny yn y wasg. Cyn diwedd y daith, byddai'r Cymry yn cael lot mwy o sylw!

Yn y gwesty ro'dd popeth wedi'i drefnu ar ein cyfer mewn gwahanol stafelloedd. Ro'dd y siwtiau yn un stafell, a rhaid o'dd gwneud yn siŵr eu bod yn ffitio. Ro'dd llwyth o ffurflenni i'w llenwi mewn stafell arall. Y ceisiadau am *visas* mewn stafell arall wedyn – un *visa* ar gyfer Awstralia ac un ar gyfer Hong Kong. Ro'dd cit Adidas mewn man gwahanol a phethau amrywiol i'w llofnodi yn rhywle arall. Ro'dd yn rhaid mynd i mewn fesul un i stafell arall, a syllu'n syth i mewn i gamera Sky Sports. Y lluniau hynny a gâi eu dangos pan fydden nhw'n dangos pwy o'dd yn chwarae cyn pob gêm. Diwrnod fel yna fuodd e, symud o stafell i stafell i wneud y trefniadau.

Ac, wrth gwrs, ro'dd gofyn cyfarfod â'r chwaraewyr eraill. Mae'n rhyfedd meddwl – er ein bod yn gyfarwydd iawn ag enwau'n gilydd ac yn nabod ffyrdd ein gilydd o chwarae, do'n ni ddim yn nabod pawb o bell ffordd. Felly, ro'dd cryn dipyn o symud o un chwaraewr i'r llall i gyflwyno ein hunain. Fe ges i dipyn o sioc wrth sgwrsio â Maki Vunipola, prop Lloegr. Ar ôl i fi ddweud 'helô' a 'sut mae' wrtho, fe atebodd fi mewn acen Gymreig gryf. Ro'n i wedi anghofio'n llwyr iddo gael ei fagu yng Ngwent a'i fod yn amlwg wedi mabwysiadu acen y rhan honno o Gymru. Anghofies hefyd ei fod yn gefnder i Toby Faletau.

Daeth pawb at ei gilydd wedyn, y garfan a'r tîm rheoli cyfan, ar gyfer ein cyfarfod cynta. Fe wnaeth pawb o'dd yn gyfrifol am wahanol agweddau o'r daith siarad â ni fesul un. Warren Gatland wrth gwrs, y prif hyfforddwr; Andy Irvine, rheolwr y tîm, ac yna'r pennaeth diogelwch. Nesa, daeth tro Sam Warburton fel capten i siarad â'i gyd-chwaraewyr. Fe glywon ni gan y prif ddadansoddwr, cyn i bennaeth adran y cyfryngau ddweud ychydig eiriau ynglŷn â sut y dylen ni ddelio â'r cyfryngau. Fe siaradodd prif weithredwr y Llewod hefyd. Esboniodd pob un o'r rhain ei rôl ar y daith. Do'n i erioed wedi ystyried pa mor fawr o'dd y fenter i gael y Llewod at ei gilydd a threfnu taith. Ro'dd yn agoriad llygad, a dweud y gwir.

Rhannwyd y garfan yn ddwy wedyn. Ro'dd gan rai o'r bois gêmau pwysig i'w chwarae i'w clybiau, a chawson nhw fynd 'nôl at eu clybiau. Ro'dd tymor y gweddill ohonon ni ar ben, felly aethon ni i westy'r Vale ym Mro Morgannwg ar gyfer y sesiynau hyfforddi cynta. Teimlad rhyfedd o'dd gwisgo cit ymarfer y Llewod yn hytrach nag un y Scarlets neu Gymru.

Ro'dd un cysgod arall dros y trefniadau cyn mynd mas i Awstralia. Do'dd Warren Gatland ddim wedi dewis Shaun Edwards i fod yn hyfforddwr amddiffyn y Llewod. Dyna yw rôl Shaun i Gymru, ochr yn ochr â Gatland. Fe ddewisodd e Andy Farrell o Loegr i ofalu am amddiffyn y Llewod ar y cae. Ro'dd hyn yn sicr yn siom aruthrol i Shaun gan ei fod e'n hyfforddwr gwych, yn fy marn i. Ar y llaw arall, ro'n i wedi clywed gair da iawn am Andy Farrell hefyd. Felly, er mod i'n teimlo dros Shaun, eto ro'n i'n edrych ymlaen at weithio gyda rhywun fel Farrell. Fe o'dd y chwaraewr ifanca i chwarae rygbi tri-ar-ddeg dros Brydain a chapten ifanca clwb Wigan. Ro'dd yn ddyn profiadol a dylanwadol tu hwnt. Pan oedden ni ar y daith, fe ddes i weld rhinwedd arall o'dd ganddo. Mae e gyda'r gorau am siarad â'r tîm cyn gêm. Pan fydd e'n siarad, bydd pobol yn gwrando gan fod ei areithiau'n ysbrydoledig. Anghofia i byth ei araith cyn y prawf ola. Ro'n ni yn y stafell newid ac yn clywed y dorf a'r gerddoriaeth yn ein byddaru ar y cae. Fe drodd hynny i fod o fantais i ni wrth i Andy eu defnyddio i'n hysbrydoli. Ro'dd y gwallt ar gefn fy ngwddw'n codi. Felly, er mod i'n teimlo'n flin dros Shaun, do'n i ddim wedi fy siomi yn yr un gafodd ei ddewis yn ei le.

Yr wythnos ar ôl i ni fod yn y Vale, fe aethon ni i Ddulyn i ymarfer. Yno, cawson ni fwy o gyfle i ddod i nabod ein gilydd. Dyna o'dd y rhan anodda o'r holl brofiad mewn gwirionedd. Nid oherwydd bod pobol yn cwympo mas â'i gilydd ond achos ei fod yn dipyn o job i grŵp mor fawr ddod i nabod ei gilydd yn dda mewn cyfnod mor fyr. Fe aethon ni i dŷ bwyta Jamie Heaslip un noson a buodd hynny o help i'n cael i ymlacio gyda'n gilydd. Fe ddysges i gryn dipyn o'r esiampl ro'dd Paul O'Connell yn ei rhoi i weddill y garfan. Mae'r dyn yn arwr, ac ro'dd yn gallu ymlacio gyda ni a chael hwyl. Byddai'n delio â'r hyfforddwyr mewn modd proffesiynol iawn ac yn gallu creu delwedd urddasol fel cynrychiolydd ei gêm wrth wynebu'r cyhoedd. Ar y cae ymarfer a'r cae chwarae, does neb yn gweithio'n galetach na fe. Mae'n esiampl odidog o sut y dylai chwaraewr rygbi proffesiynol fod. Ro'dd yn brofiad gwerthfawr iawn bod yn ei gwmni ar y daith.

Hong Kong o'dd y stop cynta ar ein taith. Dyna fan lle mae'n gwbl dderbyniol i chwysu'n gyhoeddus! Fues i erioed mewn lle mor dwym. Ond mae'n rhaid nodi i ni fod yno, am mai dyna lle chwaraees i dros y Llewod am y tro cynta. O gofio hynny, mae e'n lle sbesial i mi.

Symud wedyn i Awstralia a newid awyrgylch yn llwyr. Ro'dd popeth yn llawer mwy dwys a difrifol, ac ro'n ni'n cael llawer mwy o sylw, wrth gwrs. Ro'dd mwy o ddisgwyliadau, a hynny'n dod â'i bwysau ychwanegol. Chwaraees i ddim yn y gêm gynta yn Perth ond fe chwaraees i yn y gêm nesa yn Brisbane yn erbyn y Reds. Gêm anodd o'dd honno, yn enwedig gan fy mod yn chwarae fel canolwr rhif 12 yn lle rhif 13. Do'n i ddim wedi chwarae yn y safle hwnnw ers amser maith. Fe roddon nhw brawf llym i ni ond fe lwyddon ni i ennill yn y diwedd.

Hedfan lan i Newcastle wnaethon ni wedyn ar gyfer y drydedd gêm, cyn mynd ar y bws i lawr i Sydney. Er mwyn gwneud i daith ddwy awr fod ychydig yn fwy pleserus, penderfynwyd y dylen ni i gyd ganu. Daeth Matt Stevens mas â'i gitâr a hefyd Shaun Maitland ac, wrth gwrs, Jamie Roberts. Un o ffefrynnau'r garfan o'dd 'Lion Man' gan Mumford and Sons. Fe wnaethon ni ganu a chanu'r gân nes ein bod yn ei gwybod yn drylwyr. Dyna ffordd annisgwyl o baratoi ar gyfer chwarae yn erbyn y Waratahs!

Dwi ddim yn gwybod ai'r canu o'dd yr ysbrydoliaeth, ond fe fues i'n ddigon lwcus i gael gêm dda iawn yn Sydney. Dywedodd Gatland mai dyna'r gêm orau iddo ngweld i'n chwarae. Ro'dd y gêm brawf gynta yr wythnos ganlynol, a ngobeithion o gael fy newis wedi cynyddu ar ôl gêm Sydney. Ro'n i'n ddigon hyderus y byddwn yn cael fy newis achos fe ddywedes wrth fy chwaer am hedfan mas i Awstralia. Ro'dd hi newydd raddio. Byddai hi gyda fy rhieni, felly, ar gyfer y tair gêm brawf.

Yn anffodus, fe gollon ni yn erbyn y Brumbies yn y gêm ganol yr wythnos. Pan ddaeth amser cyhoeddi'r tîm ar gyfer y prawf cynta, do'n i ddim yn hollol siŵr a gawn i fy newis. Ond diolch byth, ces fy newis i ddechrau'r gêm brawf i'r Llewod. Do'n i ddim yn gallu stopio gwenu! Ar ddiwrnod y cyhoeddiad fe es i mas am bryd o fwyd gyda'r nos gyda fy rhieni a fy chwaer. Ro'dd hynny'n gwneud y peth yn fwy dymunol byth.

Yn Brisbane ro'dd y gêm brawf – lle buon ni'n gynharach ar y daith yn chwarae yn erbyn y Reds. Y peth anodda ar y daith, a dweud y gwir, o'dd y teithio. Fydden ni ddim yn aros yn unman am fwy na rhyw dri neu bedwar diwrnod. Yna, ro'dd yn rhaid teithio ar fws neu awyren ac aros mewn gwesty arall. Un newid amlwg rhwng yr ymweliad cynta â Brisbane a'r ail ymweliad o'dd y cefnogwyr. Ar ddechrau'r daith, doedd fawr neb yno ond, erbyn yr ail ymweliad, ro'dd y lle yn fôr o gefnogwyr y Llewod. Ro'n nhw'n llenwi pob stryd a chornel, a gallwn eu clywed o'r gwesty. Byddai hynny'n hwb mawr i ni. Profiad grêt o'dd clywed caneuon Cymraeg a Chymreig o fy stafell wely mewn gwesty ym mhen draw'r byd.

Wnes i ddim ymarfer ar y dydd Gwener cyn y gêm. Ro'n i wedi cael anaf i dop fy nghoes wrth ymarfer ganol yr wythnos. Ond ro'dd y gofal meddygol yn anhygoel. Fe weithion nhw'n galed ar fy nghoes, ac erbyn bore'r gêm ro'n i'n ffit unwaith eto. Rhaid rhoi clod enfawr iddyn nhw am y ffordd y gwnaethon nhw gael y chwaraewyr yn holliach yn dilyn anafiadau. Ro'dd rhai anafiadau gweddol ddifrifol, fel y rhai gafodd Tommy Bowe, Alex Corbisiero a Jamie. Ond fe wellon nhw'r tri ddigon iddyn nhw allu parhau ar y daith.

Gêm ddigon anniben o'dd y prawf cynta. Yna, ymddangosodd George North o unman i newid cwrs y gêm. Rhedodd yn bwerus ac yn gyflym drwy fwlch yn yr amddiffyn. Ro'dd digon o waith ganddo i'w wneud ar ôl bylchu, ond sylweddoles i'n syth ei fod am fynd fel tarw am y llinell. Fi o'dd yr agosa ato fe. Dwi'n cofio meddwl: dwi yma os byddi di eisie fi, George, ond dwi'n gwybod yn iawn na fyddi di eisie fi o gwbl. Ro'dd yn amlwg ei fod yn gwbl benderfynol, ac fe aeth drwy dacl pawb a sgorio cais anhygoel. Mae'r un pendantrwydd 'da Alex Cuthbert ac fe ddangosodd e hynny hefyd yn y prawf cynta. Ym munudau ola'r gêm ro'dd gan Kurtley Beale gyfle i gicio rhwng y pyst a rhoi'r fuddugoliaeth i Awstralia. Ro'n i'n sefyll y tu ôl i'r pyst ac i'r chwith. Dyna lle bydda i fel arfer ar gyfer ciciau, gan mai ciciwr troed chwith ydw i. Bydda i'n gallu dal y bêl a'i chlirio wedyn. Ro'n i'n edrych ar Beale yn cymryd y gic ac fe sylweddoles yn fuan nad o'dd y gic yn mynd i lwyddo. Wrth weld hyn cydiodd y bois yn ei gilydd yn fuddugoliaethus. Ro'n ni wedi ennill y gêm brawf gynta.

Un peth ro'dd yn rhaid delio ag e ar y daith o'dd y sylw. Mae'n sefyllfa gwbl wahanol i gêmau clwb neu wrth chwarae dros eich gwlad. Rydych chi'n aros mewn un wlad ar gyfer cyfres o gêmau a'r cefnogwyr yn aros yno gyda chi. Felly, ar ôl y prawf cynta, fe es i am dro gyda fy rhieni. Wrth inni basio un tŷ bwyta dechreuodd y rhai o'dd yn eistedd yno guro dwylo a gweiddi wrth fy ngweld. Mae hynna'n swnio'n grêt ac, wrth gwrs, mae'n braf ei gael. Ond profiad digon od o'dd meddwl sut dylwn i ymateb yn naturiol i'r curo dwylo. Do'dd gan fy nhad ddim problem o gwbwl. Ro'dd e'n

Dad digon balch, a phan ddigwyddodd hynny fe gododd ei law ar y cefnogwyr. Ond fe sylweddoles i ei fod yn rhywbeth arall ro'dd angen dysgu sut i ddygymod ag e.

I lawr i Melbourne yr aethon ni wedyn. Diolch byth, ro'n ni yno o ddydd Llun tan ddydd Sul. Ro'dd gobaith cael cyfle i setlo am ychydig mewn un man am y tro cynta ar y daith. Ro'n i ar bwyllgor adloniant y garfan. Ro'dd hynny'n golygu fy mod yn gorfod gwybod pa ffilmiau o'dd yn cael eu dangos yn y dref lle ro'n ni'n aros. Hefyd, ro'dd angen gwybod pa adnoddau a chyfleusterau hamdden o'dd yn y llefydd hyn. Ro'dd cael cyfrifoldebau o'dd ddim yn ymwneud â rygbi o gymorth i sicrhau na fyddai bywyd bob dydd yn undonog. Un arferiad arall sydd wastad yn help i chwaraewyr ymwneud â'i gilydd yw'r system ddirwyon. Caiff chwaraewr ei ddirwyo pan wnaiff rywbeth o'i le – gwisgo'r cit anghywir neu fod yn hwyr ar gyfer ymarfer neu gyfarfod. Mae'r person euog wedyn yn cael ei ddirwyo, nid yn ariannol ond drwy orfod gwneud tasgau diflas fel bod yn gyfrifol am wneud te i bawb drwy'r dydd. Bydd hon yn ffordd dda iawn o sicrhau bod y rhai mwya swil yn rhan o bethau.

Yn Melbourne, ro'dd pethau fel yna'n fwy o help nag arfer gan fod lot fawr o sylw arnon ni. Lot fawr o bwysau hefyd. Petaen ni'n ennill yr ail brawf bydden ni'n ennill y gyfres, gan mai tair gêm brawf o'dd i'r daith. Anaml y bydd y Llewod yn ennill cyfres. Ond, wrth gwrs, nid fel 'na digwyddodd pethau. Ar ddiwedd y gêm honno, ro'n ni mewn sefyllfa cwbl wahanol i ddiwedd y gêm yn y prawf cynta. Ro'n i'n edrych lan i'r awyr yn cadw llygad ar gic gosb yn y munudau ola. Ond y tro yma, ro'n i o flaen y pyst yn rhedeg ar ôl cic gosb gan Halfpenny a fyddai wedi sicrhau buddugoliaeth i ni. Er hynny, ro'dd y teimladau yn union yr un peth. Ro'n i'n gwybod na fyddai'r gic yn llwyddo cyn iddi gyrraedd y pyst. Nid llawenydd a deimlwn y tro hwn ond siom aruthrol. Ro'n ni wedi colli'r gêm ac wedi colli'r cyfle i ennill y gyfres o ddwy gêm i ddim. Byddai'n rhaid ennill y gêm brawf ola nawr os oedden ni am ennill y gyfres.

Ro'dd Warren Gatland wedi rhoi'r dydd Sul, y dydd Llun a'r dydd Mawrth bant i ni. Ro'dd am i ni ymlacio. Ro'dd am roi amser i ni ddod dros colli'r ail brawf. Ro'dd angen amser i ni ddod dros hynny, yn gorfforol ac yn seicolegol. Mae gorffwys yn rhan hanfodol o baratoi ar gyfer gêm hefyd, yn enwedig gêm mor fawr a thrydydd prawf mor bwysig i'r Llewod.

Ar y dydd Mercher cafodd y tîm ei gyhoeddi. Ro'dd Jamie Roberts yn holliach ac ro'dd O'Driscoll yn ffit hefyd. Dyna'r ddau ro'n i'n meddwl fyddai'n chwarae yn y canol yn y trydydd prawf. Ro'n i'n ddigon hapus â'r ffordd ro'n i wedi chwarae drwy'r daith. Ond os o'dd yr hyfforddwyr yn credu mai dyna o'dd y cyfuniad gorau yn y canol, byddwn i'n fodlon derbyn eu barn. Byddwn i wedi bod yn siomedig tu hwnt wrth gwrs, ond byddwn i wedi derbyn y penderfyniad. Dyna o'dd cynnwys fy sgyrsiau 'da rhai o'r ffrindiau agosa cyn y dydd Mercher.

Galwodd Rob Howley fi naill ochr ar y bore Mercher. Ro'n i'n barod i ofyn iddo pam nad o'n i wedi cael fy newis. Dywedodd ei fod am i fi ddechrau meddwl am baratoi un symudiad penodol ro'dd cefnwyr y Llewod yn ei ddefnyddio. Edrychodd i fyw fy llygaid a dweud ei fod am i fi feddwl am baratoi'r symudiad hwnnw fel petawn i'n chwarae yn rhif 13. Wrth iddo edrych arna i, ro'dd edrychiad pendant yn ei lygaid a o'dd yn awgrymu, 'Ti'n deall be dwi'n ei ddweud wrthot ti?' Dangoses i Rob fy mod yn deall arwyddocâd ei eiriau ac fe chwarddodd. Gofynnes pam roedd e'n chwerthin. Dywedodd wrtha i am fod yn barod am dipyn o storm ymhen rhyw awr neu ddwy.

Felly, ro'n i'n gwybod cyn gweddill y garfan mod i'n chwarae. Ro'dd hwnnw'n benderfyniad doeth iawn gan iddo roi rhai oriau i fi dderbyn y penderfyniad cyn wynebu'r ymateb a fyddai i'r dewis. Daeth y garfan at ei gilydd ar gyfer y cyhoeddiad. Pan fyddai enw'n cael ei alw, yr arfer o'dd y byddai'r chwaraewr hwnnw'n codi ac yn mynd ar y bws o'dd yn aros i fynd â'r tîm i ymarfer. Cyhoeddwyd y tîm, ac ro'dd pawb yn dawel. Ro'n i'n eistedd ar y bws pan ymunodd Brian O'Driscoll â ni. Wrth gerdded heibio, estynnodd ei law i mi ac ysgwyd fy llaw cyn eistedd yn ei sedd. Ro'n i wedi cael fy newis yn hytrach na'r canolwr mwya profiadol drwy'r byd. Chwaraewr sydd yn arwr ac yn eilun i bawb yn Iwerddon. Yn sicr, fe o'dd y ffefryn i gael ei ddewis ar gyfer gêm mor dyngedfennol oherwydd ei brofiad, ond nid fe o'dd dewis Gatland. Dyna'r storm ro'dd Howley wedi'i rhag-weld felly.

Yn gynta ro'dd yn rhaid i fi a'r lleill ganolbwyntio ar ymarfer a pharatoi. Do'dd yr ymarfer yr wythnos honno ddim hanner cystal â'r ymarfer cyn y profion eraill. Ro'n i'n gyfarwydd â sefyllfa o'r fath gyda thîm Cymru. Gallai sesiynau ymarfer fod yn anodd iawn, a dim byd yn cydio ar y dydd Mercher na'r dydd Iau. Ond ar y dydd Gwener byddai popeth yn disgyn i'w le. Felly, doedden ni ddim yn becso nad o'dd y paratoi ar gyfer y trydydd prawf cystal ag y dylai fod. A dweud y gwir, petai pethau wedi mynd yn hwylus drwy'r wythnos, byddai temtasiwn i ni ymlacio lot gormod cyn y gêm. Ro'dd bod ar bigau'r drain yn golygu bod yn rhaid i ni ganolbwyntio.

Erbyn inni gyrraedd Sydney ar y dydd Iau, ro'dd y storm wedi torri. Fe fuodd yna lot o holi a beirniadu. Llawer o sylwadau'n beirniadu Gatland am beidio â dewis O'Driscoll. Ro'dd yn amhosib i fi osgoi'r holl sylwadau hyn. Ro'n nhw ym mhob papur newydd, ar bob rhaglen chwaraeon radio a theledu, pob sgwrs mewn tafarn a thŷ bwyta. Wrth gwrs, rydyn ni'n byw yn oes y Facebook a'r Twitter. Na, doedd dim unman i guddio. Ches i mo fy meirniadu'n bersonol o gwbl, mae'n rhaid dweud. Ro'dd y sylw'n canolbwyntio ar benderfyniad Gatland. Y cwestiwn o'dd, 'Pam na chafodd O'Driscoll ei ddewis?' yn hytrach na 'Pam Jonathan?' Ond, eto i gyd ro'n i'n teimlo'r pwysau.

Dim ond un ffordd o'dd 'da fi i ymateb mewn gwirionedd. Ro'dd yn rhaid i fi godi safon fy chwarae yn uwch eto. Ro'dd yn rhaid i fi ymateb i'r ffydd ro'dd Gatland wedi'i dangos ynof i drwy chwarae ar fy ngorau. Dyna'r unig ffordd y gallwn i dawelu'r sylwadau negyddol. Ro'dd cynhadledd i'r cyfryngau yn Sydney ar y dydd Iau hefyd. Fel arfer, bydd tudalen yn cael ei rhoi ar y wal yn dweud pa chwaraewr fydd yn siarad ac ar ba gyfrwng. Y diwrnod hwnnw, dim ond fy enw i o'dd ar y papur. Fi yn unig o'dd i wynebu cyfryngau rygbi'r byd. Do'dd Gatland na Howley na neb arall yno chwaith. Sôn am fedydd tân! Ro'n i'n teimlo fel oen yn mynd i'r lladdfa. I mewn â fi i stafell orlawn hyd at yr ymylon. Gallwn deimlo rhai'n edrych yn ddigon bygythiol arna i. Ar ôl i mi eistedd wrth y bwrdd, sylweddoles nad o'n i erioed wedi wynebu cymaint o feicroffons radio a theledu, na chamerâu teledu, na newyddiadurwyr papurau newydd chwaith. Y cwestiwn cynta a ofynnwyd i fi o'dd, 'So you've been picked ahead of O'Driscoll. Does that mean you're better than him?' Ymlaen yr aeth yr holi ar drywydd digon tebyg. Ar ôl derbyn cwestiynau di-ri o bob cyfeiriad gan y rhai o'dd yn y stafell, ro'dd yn rhaid gwneud cyfweliad byw wedyn ar Sky Sports. Drwy'r cyfan, ro'n i wedi penderfynu peidio â bod yn heriol na bygythiol mewn unrhyw ffordd. Ymddangos yn hamddenol o'dd y bwriad. Dyna fyddai'n fwya effeithiol, yn fy marn i. Fe ddes i drwy'r cyfan yn iawn yn y diwedd. O leia ro'dd yr holl holi drosodd mewn un cyfarfod. Ro'dd modd canolbwyntio ar baratoadau'r gêm ei hun wedyn.

Ro'dd Jamie a fi'n rhannu stafell. Ar ddiwrnod y gêm edrychodd e mas drwy'r ffenest a gweld miloedd ar filoedd o gefnogwyr y Llewod yn llenwi strydoedd Sydney. Ro'dd hynny'n hwb seicolegol aruthrol i ni. Does dim modd prynu profiadau fel 'na. Ar ôl inni gyrraedd y stadiwm, ro'dd araith Alun Wyn, fel capten y dydd, yn arbennig. O ystyried nad o'dd e wedi bod yn gapten ar y lefel yna o rygbi o'r blaen a'i fod nawr yn ein harwain ni, ro'dd hi'n araith anhygoel. Wedyn, fe gawson ni araith gan Andy Farrell ac fe gododd honno ni'n uwch eto.

Yn ystod hanner cynta'r gêm fe wnaethon ni eu taro nhw dro ar ôl tro, yn gwbl ddienaid. Ro'dd yn hanner corfforol iawn. Ro'dd ein blaenwyr ni ar dân, fel ro'n nhw wedi bod y rhan fwya o'r daith. Fe aethon ni ar y blaen, ond ro'n ni'n dal ychydig yn nerfus. Daeth cic hir 'da nhw yn ôl i'n hanner ni. Ro'dd Leigh Halfpenny yn sownd mewn ryc, felly fi o'dd wedi mynd 'nôl i safle'r cefnwr. Dalies y bêl a'i chicio i'w hanner nhw. Wrth weld y bêl yn teithio drwy'r awyr ro'n i'n ansicr am ychydig a fyddai'n croesi'r ystlys neu'n disgyn i ddwylo un ohonyn nhw. Er mawr ryddhad i mi, fe groesodd y bêl y llinell. Fe setlodd hynny fi'n sicr. Petawn i wedi methu cyrraedd yr ystlys, byddwn i wedi teimlo rhywfaint o bwysau, mae'n siŵr. Dyna'r unig dro drwy'r gêm i fi deimlo effaith yr helynt fuodd ynglŷn â fy newis i yn hytrach nag O'Driscoll. Dim ond rhyw awgrym ohono groesodd fy meddwl, ond ro'dd canlyniad y gic wedi tawelu'r cyfan mewn eiliadau. Ro'n i'n fwy cyfforddus gyda fy ngêm wedyn.

Erbyn deg munud ola'r gêm, a'r tîm wedi sgorio ceisiau gwych gan Jonny Sexton a Jamie, ro'dd modd dechrau mwynhau'r chwarae. Ro'n nhw wedi llwyr ymlâdd, ro'dd hynny'n amlwg. Teimlwn fod y gêm hon yn debyg iawn i'r gêm honno pan enillodd Cymru o 30 pwynt i 3 yn erbyn Lloegr. Ac yna, daeth y chwiban ola a ninnau wedi ennill. Ro'n ni wedi ennill y gyfres fel Llewod a finnau wedi bod yn rhan o hynny. Does fawr o ddiben ceisio disgrifio'r teimladau fan hyn. Dyw'r ansoddeiriau gorau ddim yn ddigon. Ro'dd ein carfan ni i gyd ar y cae a phawb yn cofleidio'i gilydd yn llawn teimlad.

Wrth gerdded rownd y cae i gydnabod y cefnogwyr a mwynhau'r fuddugoliaeth, fe weles fy rhieni a'm chwaer. Fe wnaeth hynny fi'n fwy emosiynol fyth. Neidies dros y byrddau hysbysebu a lan drwy'r rhesi i'w gweld. Ro'dd pawb yn llefen! Gwelwyd hynny'n glir ar Sky Sports hefyd. Wedi'r cyfan, nhw o'dd y rhai o'dd wedi fy nghefnogi i chwarae rygbi 'nôl yn ysgol fach Bancyfelin. Yna, wedi mynd â fi o fan i fan pan o'n i'n chwarae i Ysgol Dyffryn Taf, y timau ieuenctid, y timau rhanbarthol, timau Cymru dan 16, ac ati. Nhw o'dd y tacsi, prynwyr a golchwyr y cit. Nhw o'dd yn gefn i fi pan nad o'dd pethau'n mynd yn rhy dda. Nawr ro'n nhw'n cael gweld ffrwyth hynny i gyd wrth i'w mab fod yn rhan o dîm y Llewod oedd wedi ennill y gyfres o gêmau prawf yn Awstralia.

Llongyfarchiadau ar gwblhau un o lyfrau Stori Sydyn 2014

Mae prosiect Stori Sydyn, sy'n cynnwys llyfrau bachog a byr, wedi'i gynllunio er mwyn denu darllenwyr yn ôl i'r arfer o ddarllen, a gwneud hynny er mwynhad. Gobeithiwn, felly, eich bod wedi mwynhau'r llyfr hwn.

Hoffi rhannu?

Gall eich barn chi wneud y prosiect hwn yn well. Nawr eich bod wedi darllen un o lyfrau'r gyfres Stori Sydyn, ewch i www.darllencymru.org.uk i roi eich sylwadau neu defnyddiwch #storisydyn2014 ar Twitter.

Pam dewis y llyfr hwn?
Beth oeddech chi'n ei hoffi am y llyfr?
Beth yw eich barn am y gyfres Stori Sydyn?
Pa Stori Sydyn hoffech chi ei gweld yn y dyfodol?

Beth nesaf?

Nawr eich bod wedi gorffen un llyfr
Stori Sydyn – beth am ddarllen un arall?
Edrychwch am deitlau eraill o gyfres Stori Sydyn 2014.

Oswald – Lleucu Roberts
Aled a'r Fedal Aur – Aled Sion Davies
Gareth Jones: Y Dyn Oedd yn Gwybod Gormod – Alun Gibbard